50代からの「稼ぐ力」

会社にも年金にも頼らず生きる方法

大前研一
Ohmae Kenichi

小学館

はじめに――「稼ぐ力」は〝見えない貯金〟である

「70歳までの就業機会を確保する」

安倍晋三首相は自ら議長を務める「未来投資会議」の席上、こう述べた。『日本経済新聞』（２０１８年10月23日付）によると、65歳までの継続雇用を企業に義務付ける制度はそのままで、65歳以上の「シニア転職」を増やすのだという。会議では「70歳就業」に伴う年金制度についても話し合われ、現在65歳の受給開始年齢を高齢者が自ら選べる範囲を広げること（70歳以降に受け取るなど）も検討するという。

だが、騙《だま》されてはいけない。これは「65歳以上になっても働き続けて社会保障費の抑制に協力しろ」「年金は当てにするな」というメッセージであり、言い換えれば、もう定年退職後は年金だけに頼っていたら生活していけない時代になる、ということである。要は、政府が年金政策の失敗のツケを国民に回そうとしているだけの話なのだ。

「高齢社会白書」（２０１７年版）によると、高齢者世帯（65歳以上の者のみで構成するか、これに18歳未満の未婚者が加わった世帯）の平均年間所得（14年）は２９７・３万円。これは、それ以外の世帯（母子世帯を除く）の平均６４４・７万円の５割弱でしかない。しかも、高齢者世帯の68％は総所得に占める公的年金・恩給の割合が80％以上となっている。

つまり、いま50代以下の人たちの大半は、この先、生涯現役時代や雇用改革を名目に年金の支給額が減額されたり受給開始年齢が引き上げられたりしたら、いわゆる「下流老人」になってしまい、場合によっては「老後破産」に追い込まれかねないのだ。

そうなることなく、定年退職後の人生を豊かで充実したものにするためには、死ぬまで「稼ぐ力」が必要となる。「稼ぐ力」があれば「名札」と「値札」が付くから、自分が勤める会社では余人をもって代えがたい人材となり、他社からも引く手あまたになる。起業することもできるので〝定年〟という概念はなくなる。

その「稼ぐ力」がないと、会社依存の人生、他人依存の人生、政府にいいように左右されてしまう人生になってしまう。だが、自分の人生は自分自身で操縦桿を握ってコントロールすべきである。

そもそも人生は、働くためではなく、楽しむためにある。

たとえば、イタリア人は人生をエンジョイすることしか考えていない。みんなそのために働いている。男性の多くは昼と夜に二つの仕事を持っているし、女性も子育てが終わったらせっせと働く。稼いだお金は貯金せず、人生を楽しむためにどんどん使う。夏のバケーションは1か月以上が当たり前で、長い人は2か月休む。最後は貯金がなくても年金があれば何とかなるさ、と考えているのだ。

しかし、そういう割り切った発想は、日本人にはできない。重い病気になるかもしれない、年金だけでは生活できなくなるかもしれない、といった「漠たる将来の不安」から大半の人が消費を節約して貯蓄に励み、個人金融資産が1800兆円以上に膨らんでいる。だが、これは間違っていると思う。

私は２００４年に『50代からの選択』（集英社）という本を書いたが、その要旨は、50歳までに出世していなければもう将来の見込みはないから、人生そのものをエンジョイしてハッピーに死ぬことを考えなさい、というものである。

それに対して本書のメッセージは、50歳までに出世していなくても「稼ぐ力」さえあれば、自分の好きな人生を生きることができるという、より前向きなものである。「稼ぐ力」は、50代になってから勉強しても遅くはないが、できればもっと早く、40代までに身につけることが望ましい。

定年退職後に限らず、どの年代でも「稼ぐ力」があるというのは、いわば柔道や空手の「黒帯」を持っているようなものだ。もし何らかのトラブルや転機に遭遇したとしても、黒帯の実力を持っていると余裕があるからビクビクしないで済み、人生が安定するのである。

要するに「稼ぐ力」があれば、それが一番の「蓄え」になるのだ。いわば〝見えない貯金〟である。ふだんは使わなくてもよいが、いざとなった時は繰り出せばよいのである。「稼ぐ力」は皆さんの人生設計において、金利が雀の涙ほどもつかない貯金や全くあてにできない年金よりも、よほど頼りになるのだ。

本書では、自分の人生を輝かせるために必要な「稼ぐ力」をどう身につければよいか、読者への提言をまとめている。そのためには、近い将来の日本がどのような姿になっているのかを知っておく必要がある。第1章ではまず、いま働き盛りの40代・50代が高齢者となる近未来の日本を予測し、そこで「稼ぐ」イメージを模索している。第2章では、年金制度も政府の経済政策も期待できないこの国で、他人任せや国任せではないライフプランはどうあるべきか、ということを提示した。第3章以降は実践編として、「稼ぐ力」を身につける具体的な道筋や、私なりのアイデアをいくつか示した。

本書が、1人でも多くの読者の「稼ぐ力」につながれば幸いである。

2019年1月　大前研一

目次

第3章

実践編1 会社を実験台にして「稼ぐ力」を身につける

第1章 近未来

2040年に「老後」は存在しない

3人に1人は65歳以上

２０４０年にはＡＩ（人工知能）が人間の脳を超え、我々の生活に計り知れない変化をもたらす「シンギュラリティ」が訪れるとされる。シンギュラリティとは未来学上の概念の一つで、日本語では「技術的特異点」と記される。２０４０年に現在50代の人は70代、40代の人は60代になっているわけだが、その頃には人間がやっている仕事の多くがＡＩやロボットに置き換えられてしまうということだ。

では、２０４０年の日本社会とは、いったいどのような姿をしているのか？

２０１７年（平成29年）版「高齢社会白書」によると、２０４０年の日本は総人口が１億１０９２万人。そのうち65歳以上の高齢者人口が約35％の３９２０万人を占めると推計されている（**図表１**）。つまり、日本人の３人に１人が高齢者になるのだ。一方、15歳～64歳の人口は５９７８万人なので、高齢者１人を現役世代１・５人で支えねばならない。かつて人類が経験したことのない「超高齢社会」に日本は世界で初めて突入することになる。

図表1 高齢者1人を現役世代1.5人で支える2040年の日本

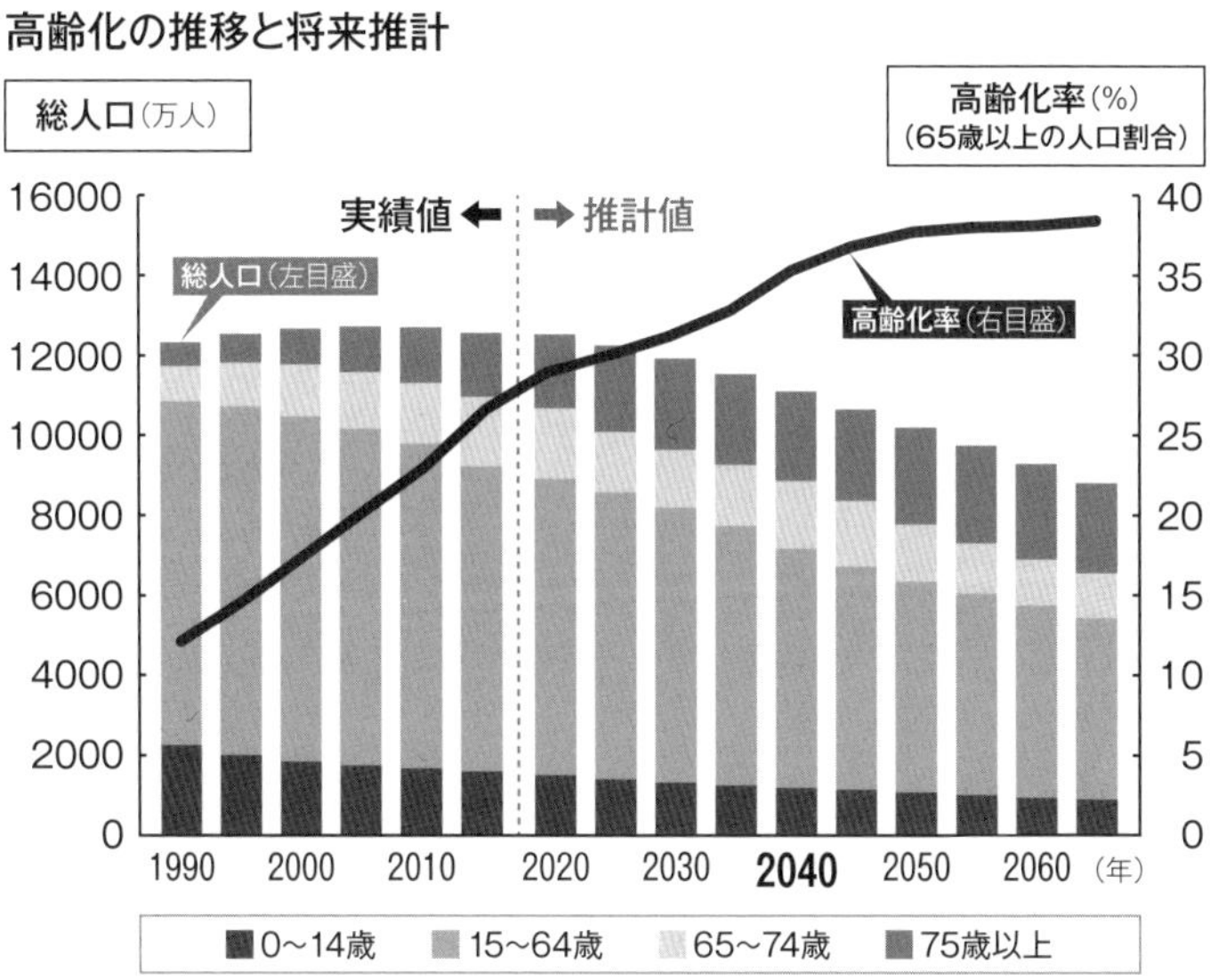

内閣府「平成29年版高齢社会白書」を基に作成

その時に働き盛りであるはずの40代・50代＝いま20代・30代の「ミレニアル世代」（1980年代から2000年代初頭に生まれた世代）には、国を支える力がないと思う。なぜなら、彼らはバブル崩壊後の「失われた20年」に育った低成長デフレ時代の申し子だからである。

彼らに共通する特徴は、物欲や出世欲があまりなく、内向き・下向きで出不精なことである。一例は、地元のショッピングモール1か所で日々の暮らしを完結させる「イオニスト」や「ららぽーたー」と呼ばれる若者たちだ。彼らは自宅の半径20㎞圏内だけで行動し、社会人になっても中学・高校時代の友人や仲間が交友関係の中心で、その人たちにしか関心がない。

また、ジェイアール東日本企画の「Move実態調査2017」によると、20代の1か月あたりの移動回数は37・3回で70代の40・8回を下回り、20代～70代の全年代中最低だった。20代は高齢世代よりも外出に消極的で、単純計算では1日あたり1・2回しか移動していないことになる。「家にいるのが好き」と回答した人の割合も20代が26・1％で最も高く、次が30代の25・1％だった。幼少期からインターネットと携帯端末があり、自宅で時間を過ごすことに慣れているからだと考えられるが、果たして、このように低欲望で内向き・下向きで出不精な価値観やライフスタイルのミレニアル世代が、20年後の日本経済を駆動していくことができるだろうか？　私は難しいと思う。なぜなら、彼らには「野心《アンビション》」や「パワー」が足りないからだ。

一方、現在の40代・50代は80年代のバブル景気を謳歌《おうか》したり、その余韻《よいん》に浸《ひた》っていたりした世代である。

すべてが右肩上がりで円高の恩恵もあり、海外旅行に出かけたり、舶来の高級ブランド品などを身に着け楽しむ生活を満喫しながら、「行け行けどんどん」でやってきた人たちだ。若いころに消費への意欲が高く、外向的だった彼らが、今から20年後、60代・70代になった後でもその気になれば、下の世代がアグレッシブではないだけに、相当活躍できるのではないかと思うのである。

「もう○歳だから」は禁句

しかも、予測通り2040年にシンギュラリティが訪れたら、いま20代〜50代がやっている仕事のかなりの部分はAIやロボットに置き換えられてしまい、人間でなければできない仕事はクリエイティブな分野や労働集約型の作業など非常に限られてくるだろう。

そこでシニアの出番となる。60代・70代の人たちには若い人たちにはないビジネスの経験と人的ネットワーク、若干の資金がある。それを活用することで、若い人たちよりも向いている仕事、能力を発揮できる分野が少なくないのだ。

今までシニア世代で起業に成功した人といえば、三菱電機とリコーに勤めて49歳2か月で独立し、半導体メーカーのメガチップスを創業して上場した進藤《しんどう》晶弘《まさひろ》さんぐらいしか知られていなかった。しかし、最近はそういうスタイルの人がけっこう出てきている。

たとえば、1937年生まれの廣瀬《ひろせ》光雄《みつお》さんである。

廣瀬さんは大日本印刷アメリカ法人の社長、ジョンソン・エンド・ジョンソン日本法人代表取締役社長を務めて1999年、定年退職した。が、バブル崩壊後、日本のゴルフ場が次々につぶれていく惨状を見て「悠々自適・ゴルフ三昧」どころではないことを知ると一念発起した。学生時代からの友人であるジャック・ニクラウスの「ゴルフ場は束ねれば束ねるほど儲かる」というアドバイスを基に、パシフィックゴルフマネージメント（PGM）を創業したのだ。そして倒産したゴルフ場を次々に買収し、2005年、いきなり東証一部上場を果たしたのである。さらに医療情報ポータルサイトを運営するケアネット、企業コンサルティング会社マベリックジャパンの2社も創業している（ケアネットも2007年、東証マザーズに上場した）。

日本人の多くは年齢についてメンタルブロック（何か行動を起こそうとする時に思い浮かぶ、「できるわけがない」「失敗する」「こうしなければならない」といった否定的な思い込みや固定観念）があり、中高年になると新しい仕事にチャレンジしない傾向が極めて強い。

しかし、「もう○歳だから」は禁句である。

いま40代・50代の人たちは、２０４０年に老後があると思ってはいけない。60代・70代になっても仕事をやりまくっている自分をイメージし、そういう方向にマインドセットしていかねばならない。もちろん、健康維持のために体も動かし続けて強化していく必要がある。つまり、考え方の基本的な枠組みを変えていくべきなのだ。

「答えがない時代」を生きるための能力

さらに付け加えれば、21世紀は「答えがない時代」である。いま学校の教科書に書かれているような「すでに分かっている事実」についての問いは、パソコンやスマートフォンで検索すれば、「答え」などすぐに見つかる。もはや試験で暗記知識を問うことに意味はなくなり、シンギュラリティが訪れる２０４０年は、その領域が飛躍的に拡大しているだろう。

一方、「地球温暖化をどう止めるか」「少子高齢化が進む日本で経済的繁栄をどう維持するか」といった、「あらかじめ決まった答えがない問題」に対しては、答えをみんなで見つけていかねばならない。その時に必要な能力は三つある。

一つは、いくつかの答えの可能性が論理的にスッと抽出できる能力だ。同じようなことを言い換えるのではなく、全くコンセプトが異なる2〜3の仮説を当座の答えとして導き出せなければならない。これはＩＱ（知能指数）の世界である。

もう一つは、正しい答えにたどり着くために、みんなをその気にさせて議論を引っ張っていくリーダーシップだ。こちらはＥＱ（心の知能指数）の世界である。

ここで大事なことは、議論のプロセスの中で、地位や肩書に関係なくリーダーシップを振るえるかどうか、である。「なるほど一理あるな」と思ったら上下の別なく誰もが合意できるような「寛容性」をメンバーから引き出す能力——ＥＱに裏付けられたそうした能力こそが真のリーダーシップだ。

最後は、構想力だ。問題の全体像をパッとつかみ、見えていないものでも見えるようにする能力である。これはＩＱの上位概念となる。ＩＱは主に左脳を使うが、構想力は右脳を使うからだ。たとえば、まだ実体のない築地市場の跡地利用問題について正しい答えを出すためには、この力が不可欠である。

以上三つの能力を磨く練習は、60代・70代の世代が２０４０年の日本社会をリードする上で欠かすことができないものだ。

出世競争で負けても、人生の競争では勝てる

そうした未来社会の姿を考える時、いま40代・50代のサラリーマンは、死ぬ瞬間に「楽しくて充実した人生だった」と言えることを目標に、そこから逆算して残りの会社人生と定年退職後の人生を設計すべきだと思う。

定年退職するのが60〜65歳、死ぬのが80〜85歳とすれば、定年退職後の人生は20年もある。しかも、これから年金の支給開始年齢が引き上げられたり、支給額が減らされるなど、社会保障がどんどん削られていくことは確実なので、多少の蓄えがあっても20年はもたないだろう（定年後に必要なお金については第2章で詳述）。

もし資産に余裕があって平穏無事な引退生活を送ることができたとしても、日がな1日ゴロ寝をしながらテレビを見ていたり、朝夕に犬と散歩をしたり、たまに旅行に出かけたりする程度だったら〝生ける屍《しかばね》〟のようなものであり、精神も肉体も文字通り老化して、死ぬ瞬間に「楽しくて充実した人生だった」とは言えないと

思う。

したがって、定年退職後も〝引退モード〟に入るのではなく、「現役時代よりも加速する」というメンタリティを持ち、キャッシュを稼ぎながらやりたいことをやって人生を能動的に楽しまなければならない。

そのためには、会社に勤めている間に定年退職してから手がける仕事（できれば起業が望ましい。詳しくは第3章以降を参照）の「予行演習」をしておく必要がある。それを40歳で始めれば、3～4年かけて実現できる新規事業などに60歳までの20年間で5～6回チャレンジできる。50歳で始めたとしても、2～3回は可能である。

具体的な方法としては、去年のスケジュール帳を見て3割サボることを考え、その時間を予行演習に使う。アメリカ企業の場合は、ホワイトカラー1人ずつにパフォーマンス・ターゲットがあり、それをクリアしなかったらクビになってしまうが、普通の日本企業は3割くらいサボってもクビにはならない。その恩恵を存分に享受すればよいのである。もし、そのチャレンジに全部失敗したら、定年退職後も稼ぐことは諦めておとなしく引退し、隠居したほうが賢明だろう。

サラリーマンは45歳までに出世していなかったら、もうその会社で出世する見込みはほとんどない。出世していたとしても、それはたまたま運の良い部門の仕事を担当したり、上司に目をかけられたりしたことによる「他人任せ」の人生だ。

しかし、前述したように、自分の人生は自分自身で操縦桿を握ってコントロールすべきであり、そのためには40代・50代で定年退職後に手がける仕事や起業の予行演習を重ねておかねばならない。その結果、60代・70代になって自力でキャッシュを稼ぐことができるようになれば、会社の出世競争で負けたとしても、人生の競争では勝てるのだ。

21世紀の新・経済原則を心得よ

定年退職後もキャッシュを稼ぎ続けることを目指す場合、心得ておかねばならないビジネスの大前提がある。それは、20世紀と21世紀では経済を動かす根本的なルールが一変した、ということだ。

私が『新・資本論』(東洋経済新報社)で書いたように、21世紀の「見えない大陸（インビジブル・コンチネント）」の経済原則は、実体経済の空間に加えてサイバー経済の空間、ボーダーレス経済の空間、マルチプル経済の空間という四つの要素で成り立ち、富はプラットフォーム（共通な場を形成する役割を果たすスタンダード）から生まれる。

ところが日本の場合、この新しい経済原則に基づいた経済政策は何も行われていない。それどころか、アベノミクスは全くの時代錯誤で、20世紀の経済政策を微修正しながら「程度」だけ強くしている。だから、２０１２年末の安倍晋三首相就任から6年以上経っても、日本銀行は「物価上昇率２％」の目標が達成できないのである。

たとえば、いま世界で繁栄しているのは、国ではなく「地域」である。

いわゆる「メガリージョン」や「メガシティ」で、その象徴はアメリカのシリコンバレーとサンフランシスコ・ベイエリアだ。中国では、40年前は人口30万人の寒村だった深圳《しんせん》がＩＣＴ（情報通信技術）の一大拠点になって人口１４００万人のメガシティに急成長し、周辺の香港《ほんこん》や珠海《しゅかい》などを巻き込みながら、さらに発展を続けている。「都市国家」の代表であるシンガポールも、金融業、ＩＣＴ、生化学などを中心に世界中から繁栄を呼び込んでいる。

「国土の均衡ある発展」という幻想に取り憑《つ》かれた日本は、未だに「地方創生」とか「東京一極集中の是正」を叫ぶ人が多いが、世界でそんなことができたところはない。イギリスでもフランスでも、ロンドンやパリの一極集中を是正できた政治家はいない。自立した地方に三権の多くを賦与《ふよ》したアメリカやドイツは一極集中を生んでいないが、日本は憲法そのものが地方への自治権の賦与を禁止している（日本国憲法第8章「地方自治」）。そんな根本的な仕掛けを放置しておきながら、地方創生や一極集中の是正を唱える政治家はただの妄想家にすぎない。

メガリージョンやメガシティの成長を支えているのは、国家や政府ではなく企業であり、企業を牽引する「個人」である。傑出した個人「Ｉ」がつながって組織「Ｗｅ」をさらに強くするのが21世紀の特徴なのだ。拙著『個人が企業を強くする』（小学館）で書いたように、ＩＣＴ時代のネットワーク社会では「Ｉ」よりも「Ｗｅ」のほうが、必ず優れている。それが「集団知」というものであり、集団知が重層化すればするほどその組織は強くなる。旧態依然のピラミッド型組織や政府主導の護送船団方式の成長モデルは、もはや通用しないのだ。

国や国民を〝上から目線〟で〝丸ごと〟何とかしようというのは、20世紀の考え方である。それをやっているのが、アメリカのトランプ大統領と日本の安倍首相だ。トランプ大統領は、TPP（環太平洋パートナーシップ協定）も、NAFTA（北米自由貿易協定）も、パリ協定（地球温暖化対策の国際的な枠組み）も否定し、かつて「黄禍論《おうかろん》」を唱えたリー・アイアコッカのようなメンタリティで20世紀に戻ろうとしている。

安倍首相も、江戸・明治時代以来の中央集権の統治機構を維持して20世紀の経済政策を続けている。

政府の諮問会議などでは、いちおうAIだのIoT（モノのインターネット／身の回りのあらゆるモノがインターネットにつながる仕組み）だのといった新しい言葉が躍っているが、今の日本は世界からは完全に後《おく》れをとっている。時価総額10億ドル（約1100億円）を超える非上場の「ユニコーン企業」として名前が挙がるのは、アメリカと中国を中心に世界に約300社ある中で、日本企業はAIの研究・開発を手がけるプリファード・ネットワークス1社だけというお粗末な状況だ（「CB Insights」2018年12月25日時点）。

日本企業は、21世紀の世界を理解していない政府や経団連など無視して、従来のカルチャーと給与制度を大きく変え、傑出した人材を世界中から集められるようにしなければならない。そして一人一人の個人は、かつてリクルートが採用していた、いわゆる「38歳定年制」を自分に課したつもりで、世界のどこに行っても通用する新しいスキルを磨いていくべきである。

日本の社会保障制度は、「団塊の世代」のすべての人が75歳以上の後期高齢者になる2025年に医療と介護の社会的費用がピークを迎え、ほぼ確実に破綻の危機を迎えると言われている。となれば、いま40代・50代の人たちに限らず、すべてのサラリーマンが定年退職後も「稼ぐ」必要があると肝に銘じ、現役時代から入念な準備をしておかねばならない。

2040年の日本に「老後」は存在しないのだ。

第2章

思考改革

人生を「国任せ」にするな

定年後〝魔の15年〟

政府は、公的年金の受給開始年齢を「75歳」に引き上げようとしている。

2014年に田村憲久《たむらのりひさ》厚生労働相（当時）が受給開始を選べる年齢の上限を現在の70歳から75歳程度まで引き上げることを検討すると発言し、2017年10月には内閣府の有識者検討会が受給開始選択年齢を70歳以降にできる仕組みづくりを求めた報告書をまとめた。

さらに政府は、現在65歳まで働けるように企業に義務付けている「高齢者雇用安定法」を2019年以降に改正し、70歳まで働けるようにしようとしている。こうした施策は、最初のうちは「選択制」で各自が選べる、すなわち「任意」だという打ち出し方をするが、いずれ実態がそうなってきたからと法案化するというのが常套手段だ。だから、いま50歳以下の人たちは、年金の受給開始年齢が65歳から70歳、70歳から75歳に引き上げられると覚悟しておかねばならない。

高齢者がお金を持っていて悠々自適のリタイア生活を楽しめるというのは、定年退職年齢と年金受給開始年齢が一致していた時代の話である。今は60歳で定年退職してから年金を満額受給できる65歳までの期間は、継続雇用されるか再就職するかしないと無収入になるため〝魔の５年〟と呼ばれている。その間、仮に生活費が毎月15万円かかるとすれば、５年で９００万円の貯金を食いつぶすことになる。

「年金75歳受給時代」が到来したら、60歳で定年退職した人たちには〝魔の15年〟が襲いかかる。65歳まで定年が延長されたり継続雇用されたりしたとしても、75歳までの10年間は無収入になってしまう。毎月の支出が15万円なら10年で１８００万円、15年だと２７００万円もの貯金が必要になるわけで、これは大半の人が乗り切れないと思う。

さらに、前回（２０１８年度）の税制改正（改悪）で、年収１０００万円以上の公的年金受給者には増税の波が襲いかかった。公的年金等控除の減額（＝年金増税）が決まったのだ。

その内容は、まず国民年金や厚生年金などの公的年金等控除額を一律10万円引き下げる（ただし、基礎控除が一律10万円引き上げられるのでプラスマイナスゼロ）。

その上で、公的年金等の収入金額が1000万円を超える場合の控除額に上限（195万5000円）を設け、公的年金以外の所得額が1000万円を超える場合はさらに控除額を引き下げる、というものだ。

私自身は今のところ年金以外の収入がそれなりにあるので、現在の雀の涙ほどの年金でも生活に不自由はないが、これまで多額の年金保険料や税金を納めてきたのに、政府の都合で一方的に控除額を減らされる、つまり増税されるのはやはり納得がいかない。

そもそも、厚生年金の保険料率は2004年の年金制度改正に基づいて、毎年引き上げられてきた。ようやく2017年9月の引き上げでストップし、今後は給料の18・3％で固定されるが、重い年金保険料を負担し続けることに変わりはない。しかも、国民年金保険料は年々引き上げられている。それに加えて、今度は控除額縮小による「年金増税」に手をつけるというのは、あまりに節操がなさすぎる。

こうした変更は万人に大きな影響を与えるが、政府は景気や株価のことばかり口にして、実際にサラリーマンの実収入や年金受給者の生活がどうなっているのか、ということは一切口にしない。麻生太郎財務相に至っては「5年前より今のほうが悪いという人は、よほど運がなかったか（企業なら）経営能力に難があるか、何かですよ。ほとんどの（経済統計の）数字は上がってますから」と〝上から目線〟で発言している（朝日新聞デジタル2018年4月17日付）。国民の生活実態とはかけ離れた感覚を持っている為政者が、なんと多いことか。

一方、今回の控除の減額は高収入の年金受給者が対象だから自分には関係ない、と思う人がいるかもしれないが、この調子でいけば、対象となる収入金額の基準が引き下げられていく可能性もあるだろう。

昔は金利が高かったから、そこそこ年金をもらえれば、預貯金や投資信託などの利息でそれなりに暮らしていけた。しかし、マイナス金利時代の今は、銀行の定期預金に100万円を10年間預けておいても利息は1万円ほどしかつかない。悠々自適どころか、預貯金を切り崩して生活せざるを得ない状況になっている。

現役サラリーマンにも〝増税の嵐〟

しかも、この時（2018年度）の税制改正で、年収850万円以上のサラリーマンは2020年1月から増税されることになった。さらに、国際観光旅客税（出国1回につき1000円。2019年1月7日以後の出国に適用）や森林環境税（年額1000円。2024年度から導入）が創設され、たばこ税も1本あたり3円増税（2018年度から3回に分けて1円ずつ引き上げ）される。その一方で法人税は、賃上げをしたり、IoT（モノのインターネット）やAI（人工知能）などに投資したりすると、最大20％程度まで減税が可能になる。

なぜ、こんなバカげたことをやるのか、私は全く理解できない。自民党の政治家や官僚たちは、サラリーマンの生活実態も世界の趨勢《すうせい》も、残念なほど分かっていない。

この税制改正では、全納税者が対象の基礎控除を一律10万円引き上げる一方で、サラリーマンを対象とした給与所得控除は10万円減額した。ここまでならサラリーマンも差し引きで変わらないが、これに加えて給与所得控除の控除額の上限を引き下げたため、年収850万円以上のサラリーマンは増税となった。増税額は、年収900万円で年1・5万円、年収1000万円で年4・5万円など。政府・与党によると、年収850万円以上の会社員は全国に約430万人で、子育てをしている約190万人と介護をしている約10万人を除く約230万人が対象となり、この増税による税収増は900億円程度になる見込みだという。

一方で、自営業者やフリーランスは減税となる。その理由を2018年度税制改正大綱は「働き方の多様化を踏まえ、様々な形で働く人をあまねく応援する等の観点から」としたが、実際には自営業者やフリーランスの青色申告者は経費にかなり裁量の余地があるため、工夫すればけっこう減税できる。しかし、サラリーマンの場合は確定申告をしても白色申告なので、裁量の余地は非常に少ない。

要するに安倍政権の税制改正は、中流以上のサラリーマンや喫煙者など、取りやすいところ（サイレント・マイノリティ）から取る姑息《こそく》な増税であり、国民には重税感だけがのしかかるのだ。

その結果、どうなるか？

消費意欲が冷え込み、人々はますます財布のヒモをきつく締めて節約に励むだろう。モノは売れず、市場はシュリンクし、企業は海外に出ていくか国内で低迷して人件費を削減するだろう。増税は景気を悪くするだけであり、100％間違っている。〝上から目線〟のちまちましたマイクロ・マネジメントで、サラリーマンや富裕層に厳罰を科すような税制は、いい加減にやめないといけない。

かてて加えて高校無償化との兼ね合いもある。高校の授業料は現在、公立高校は年収約910万円未満の世帯で無料だが、授業料が高い私立高校は無料ではなく、生活保護世帯や住民税が非課税の世帯などには年額29万7000円の支援金が国から高校に支払われて授業料と相殺されている。さらに、自治体独自の助成もあり、たとえば東京都は2017年度から年収760万円未満の世帯に対し、国の支援金と合わせて同44万2000円まで助成している。

政府は私立高校に対する国の支援金を2020年度から拡充し、住民税の非課税世帯には年約39万円（私立高校の平均授業料）まで全額を支給して実質的に無償化し、年収約350万円未満の世帯には年35万円、年収約590万円未満の世帯には25万円まで支給する方針だという。

一連のサラリーマン増税は22歳以下の子供がいる場合は対象外となるので、高校無償化の恩恵が受けられない上に増税までされる事態は避けられるようだが、そもそもなぜ「850万円」なのか？

新聞報道によれば、与党と官邸の意地の張り合いで800万円でも900万円でもなく、間を取って850万円になったという。しかし、そういう線引きは、「年収849万円」の人が得をして「850万円」の人が損をするわけで、理不尽極まりない。

また、日本の政治家や官僚は「年収850万円＝高所得」という認識のようだが、世界では今や年収850万円は決して高所得とは言えない。たとえば、グーグルやマイクロソフトのエンジニアの初任給は年収1700万～1800万円、インドの優秀なエンジニアの年収は約1500万円、アマゾンが計画している第二本社の新規採用5万人の年収は平均で約1130万円、日本で大学新卒者を月給40万円で募集して話題になった中国のファーウェイ・テクノロジーズ（華為技術）深圳本社の優秀なエンジニアの年収は約1000万円だ。

しかも日本の場合、年収850万円でも税金や社会保険料などが差し引かれると、手取りは月に40万～50万円台になる。東京都区内で4人家族が住める広さの住居だと住宅ローンの返済か家賃に20万円前後かかるから、他に食費や光熱費、水道・下水道料金、通信費、教育費などを払ったら、ほとんど余裕はなくなるだろう。年収850万円は、決して裕福な生活ができるレベルではないのである。

「他人の不幸」では済まない

にもかかわらず、日経世論調査アーカイブによると、このサラリーマン増税案に対して賛成が55％（反対30％）と過半数を占めたという（2017年12月調査）。賛成と答えた人がどういう理由でそう判断したかは分からないが、この時の所得税増税の対象者は、前述したように約230万人で、給与所得者の4％だという。

つまり、増税の対象から外れた96％の給与所得者の半数以上が増税に賛成したことになるわけで、これは究極のポピュリズム（大衆迎合）だ。増税の不幸に遭わなかった人たちが他人の不幸を喜ぶ、という実に歪《いびつ》な構図である。

私は、資産家や金持ちが妬《ねた》まれたり、憎まれたり、批判されたりする風土は最悪だと思う。実際、今はそうした空気が国内にあるから、彼らは海外へ逃避して財産を隠しているのだ。今後も国内に居づらくなった金持ちが海外に出ていけば、さらに国は貧しくなるし、若者に「坂の上の雲」を目指すアンビションも育たない。富裕層を妬んだり憎んだりする負け犬根性の風潮が広がると、狭量で嫌な社会になってしまう。

それに、今は年収850万円以上がターゲットになっているが、7年連続で過去最高の予算案（2019年度の一般会計の歳出総額は101兆円）を組んで借金を増やし続けている政府が将来もっと税収が欲しいとなれば、ボーダーラインは800万円、700万円と下がっていく可能性も大いにある。〝他人の不幸〟を喜んでいる場合ではないだろう。

かてて加えて、2018年から配偶者控除も年収要件が厳しくなった。給与所得者の合計所得金額が1000万円を超えると、配偶者控除の適用を受けることができなくなったのである。年収1000万円以上で子供がいないサラリーマン世帯は「年収850万円以上増税」と合わせて、二重の増税になったのだ。

ずるずると没落していく

政府がやるべきは、まず国民の間に蔓延《まんえん》している「将来への不安」という心理的バリアを取り除くことである。そして、人生をエンジョイできるような仕組みを整えることである。そのためには税制を根本から変えなければならない。

もはや日本は人口が増えないので人口ボーナスもなくなり、高成長は望めない。長引くデフレの中で、昇進も昇給もなく、高齢化が進んで社会保障負担が増える一方だ。そういう国では、「流れているお金＝フロー（収入）」に対して課税するのではなく、「貯まっているお金＝ストック（資産）」に対して課税するほうが理にかなっている。

また、フロー課税の場合、今回のように「いくら以上の収入があれば高所得」という恣意《しい》的な線引きをしなければならない。だが、ある所得額以上は増税になり、それ以下は減税になるという税制は、納税者の間に必ず不公平を生む。収入が増えない日本のような国で税負担だけが重くなっていけば、あるいは重くなると心配する人が増えれば、早晩行き詰まるだろう。

だから、私が長年提唱しているように、所得税や法人税、相続税など既存の税金はすべて廃止し、預貯金や不動産などすべての資産に課税する「資産税」と、消費に応じて課税する「付加価値税」の二つにシフトすべきなのである。

とくに資産税導入のメリットは大きい。まず、自分の資産を正確に把握することができて人生が見通せるようになるので、ある程度の資産を持っている人は将来への不安がなくなる。

さらに、資産に課税されるとなれば、不要な資産は売り払い、そのお金でもっと人生を謳歌しようという気持ちになるはずだ。今は生前贈与ができるようになったが、それでも最終的に相続税がどれくらいかかるかよく分からないから、手元のお金も使うに使えないという状況になっている。しかし、相続税がなくなったら、資産を貯め込むよりもキャッシュフローを増やして元気なうちにやりたいことをやらないと損だ、という発想になるだろう。

また、政府主導の教育無償化は、単に税金を使って能力の低い学生を量産するだけで、何のプラスにもならない。それなら高校までの学費はクーポン制にして、国公立でも私立の学校でも海外留学でも、本人が希望する教育を自由に受けられるようにすべきである。そうすれば、学習意欲も高まるし、もっとましな子供が育つと思う。

一方、大学は社会に出てから役に立つスキル（＝稼ぐ力）を磨く場だから、原則として学生が自己負担で学ぶ。シングルマザーなどの収入が少ない家庭は税金で教育費を補助すればよい。

そういう大胆な変革をしない安倍政権のマイクロ・マネジメントによる増税路線は、国民心理をますます冷却し、（お金を使おうという気を起こさせないので）景気を悪化させるだけである。国民の生活実態や将来不安を微塵《みじん》も分かっていない安倍政権には、一刻も早く「ＮＯ」を突きつけないと、この国はずるずると没落していく一方だ。

悪しき平等主義

安倍政権の問題は、まだまだある。

たとえば、安倍政権が経済界に賃上げを要請する「官製春闘」は2018年で5年連続となった。安倍晋三首相が「3%の賃上げが実現するよう期待したい」と言えば、それに呼応するように、経団連の榊原定征《さかきばらさだゆき》会長（当時）も「3%の賃上げという社会的期待を意識した上で、従来より踏み込む」と述べ、連合は定期昇給を含めて「4%程度」の賃上げを求めている。

まさに政府主導の予定調和であり、私にはさっぱり理解できない。金属労協の高倉明議長が「労働条件はそれぞれの労使が主体的に判断するものであり、政府が不当に介入することは絶対に避けるべきだ」と官製春闘を批判したと報じられたが、これはまことに正論である。そもそも「一律の賃上げ」自体が（工業化社会まっただ中の）昭和の発想であり、もはや完全に時代遅れである。

安倍首相は「同一労働同一賃金」を実現すると声高に叫んでいるが、これも間違いだ。仕事の質や成果、地域差に関係なく「同一労働同一賃金」と言われたら生産性は下がる一方で、企業は賃金が安い国に出て行くしかないから、国内雇用が減るだけである。それを言うなら、正規であれ非正規であれ「同一生産性同一賃金」「同一成果同一賃金」にすべきである。

そして、高い生産性・高い成果を上げる社員に対しては、3%などという微々たる賃上げではなく、給料を2倍、3倍にしなければならない。

本来なら、経団連に加盟している企業は日本の大手優良企業であり、好業績を続けているところも多いのだから、経営陣が率先して高額報酬をもらい、優秀な社員の給料も大幅に引き上げていくべきなのだ。

ところが、実際は役員報酬が年間1億円以上になると個別開示が義務付けられているせいか、大半の経営者は年収1億円未満である。東京商工リサーチの調査（上場企業2421社が対象）によると、2018年3月期決算で役員報酬1億円以上を得ている役員を個別開示した上場企業は240社で、その人数は538人だった。

しかし、世界標準では、大手優良企業の役員報酬は「10億円以上」が当たり前である。たとえば、アメリカのGM（ゼネラルモーターズ）やフォード・モーター、GE（ゼネラル・エレクトリック）、ジョンソン・エンド・ジョンソン、ゴールドマン・サックスなどは、役員報酬1億円以上の役員が1社に数百人単位でいる。

日本は高額な役員報酬をもらうとマスコミなどに批判されるため、共産主義国かと見紛うほどの悪しき平等主義に陥っているのだ。

技術者に関しても、世界では、ＩＣＴ（情報通信技術）の優秀な人材は初任給がすでに１０００万円を超えている。問題は、日本には彼らと「同一労働」と言えるレベルのＩＣＴ技術者が極めて少ない、ということである。未だに大量生産・大量消費時代の給与所得を巡る議論を繰り返している政治家と、それに迎合している経営者たちの感覚は、完全に麻痺している。

にもかかわらず、この「同一労働同一賃金」や「残業規制」を柱とする「働き方改革関連法」が２０１８年6月に成立したのは、安倍政権の無策を象徴するものだ。人権に関わるブラック企業の問題を除き、賃金をどうするか、いつからどのように労働条件を変えるかといった問題は、各企業が業績や事業計画、あるいは世界戦略などに基づいて自分たちで決めればよいことだ。それを政府がマイクロ・マネジメントでチマチマと指図するのは、企業をますます弱体化させるだけである。

「低欲望社会」のワナ

２０１２年末の第二次安倍政権発足以来、日銀は政府のアベノミクスに呼応する形で「異次元の金融緩和」や「マイナス金利政策」を進めてきたが、景気はいっこうに良くならなかった。その一方で、個人と企業の金融資産は増え続けている。

日銀が発表した資金循環統計によると、家計が保有する金融資産は2018年3月末時点で1829兆円に達し、年度末としては過去最高を記録した。内訳は現金・預金が961兆円、保険・年金などが522兆円、株式などが199兆円、投資信託が73兆円だ。民間企業の金融資産も1178兆円で過去最高となり、そのうち261兆円が現金・預金である。実際、銀行や信用金庫などの預金残高は3月末時点でやはり過去最高の1468兆円に達している。

なんと、個人と企業を合わせて1200兆円以上ものお金が、マイナス金利政策で微々たる金利しかつかない銀行などに預けっぱなしで、いわば〝死に金〟となっているのだ。だから、異次元の金融緩和でもマイナス金利でも個人消費や企業の設備投資が増えず、景気が上向かないのである。

なぜ個人金融資産が増え続けているのか？

かねて私が指摘しているように、日本が世界でも類を見ない「低欲望社会」になっているからだ。

そもそもアベノミクスの経済財政政策は、金利とマネタリーベース（資金供給量）の二つを操作すれば景気をコントロールすることができるとする、アメリカ（源流はイギリス）から〝輸入〟したマクロ経済学の理論に依拠している。

だが、その理論がアメリカで通用する（金利やマネタリーベースに反応する）のは、アメリカ人が住宅や自動車などの〝見える化〟した欲望を持ち続けている「高欲望社会」だからである。金利を下げてマネタリーベースを増やせば、個人はローンを組み、欲しい住宅や自動車を購入するし、企業は設備投資などに動くという流れが今もある。現にアメリカでは住宅が圧倒的に不足し、賃貸住宅市場が活性化している。一方の日本では、空き家率が13・5％（全国平均）になっても利用する機運は希薄である。

日本人も「三種の神器」（白黒テレビ・洗濯機・冷蔵庫）や「新・三種の神器」（カラーテレビ・クーラー・自動車）、「庭付き1戸建て」などに対する欲望が〝見える化〟できた高度成長期から１９８０年代にかけての時代は、金利やマネタリーベースに反応していた。金利が５％を超えても住宅ローンを組んでいた。

しかしバブル崩壊後の90年代以降、大半の日本人は昇給・昇進がなくなったり、大学卒の新入社員の平均初任給が20万円ほどで20年以上にわたって頭打ちになったりしたこともあって、「狭いながらも楽しい我が家」を手に入れた段階で欲望がピタッと止まって世界で唯一の「低欲望社会」になり、金利にもマネタリーベースにも反応しなくなったのである。「アベクロバズーカ」に全く効果が見られないのは、その根拠としているミクロ（個人の置かれた状況）が根本的に変化してしまっているからなのだ。

だが、人生を豊かにするためには、最初からお金を持っている人以外は、「借り」から入らなければならない。欲望を満たすためにお金を借り、それを返すために頑張って働く。そうしないと、経済は膨らまない。

今の日本で物価が上がらないのも、経済が日本人の「低欲望」を前提に再配列されてしまったからである。

欲望を〝見える化〟せよ

しかも、個人金融資産1800兆円の60％は60歳以上の高齢者（4320万人）

が保有しているとされる。彼らは暮らしに余裕があっても「漠たる将来の不安」から、お金を使わずに貯め続けている。

この状況をさらに悪化させているのが、政府が不用意に飛びついたアンドリュー・スコット氏とリンダ・グラットン氏の共著『ライフ・シフト　100年時代の人生戦略』（東洋経済新報社）である。『ワーク・シフト』（プレジデント社）の著者でもあるグラットン氏は政府の「人生100年時代構想会議」の有識者議員にもなり、大臣たちを集めて自説を展開している。それは自由だが、唐突に「人生100年」と言われると「80年」までは用意ができていると思っていた多くの人々が、いきなり「あと20年何とかしろ」と言われたような感覚になり、ますます財布のヒモをきつく締めてしまう。景気にとっては、とてつもないマイナスのインパクトがあるのだ。

この極めて特異な状況を変えるためには、政府や産業界が、漠たる将来の不安を解消して次なる欲望を〝見える化〟しなければならない。マクロ経済を「ミクロ経済の集積体」と考えれば、個人個人の心理を「人生を楽しみ、豊かにするためにお金を使おう」という方向にまず動かすことで、初めて世の中にお金が回り、景気はおのずと良くなるはずだ。
そのためには、まず「ミクロ経済の再分析」が必要となる。経済学はつまり「こうしたらどうなるかという仮説」だから、今の日本のミクロ経済の現象を詳細に観察し、それを分析して仮説を作り、その仮説を理論として実証していかねばならない。たとえば、100人に話を聞き、その人たちがお金を使う心理になるためにはどうすればよいか、ということを考えて仮説を作り、〝ミニ・マクロ経済理論〟を組み立てる。これが非常に重要なプロセスとなる。アメリカのマクロ経済学者の研究ではなく、日本のミクロ経済レベルで何が起きているのかという研究から始めなければならない。

仮説の一つとして、マイナス金利ではなく「金利を5%にすると、どうなるか」を考えてみよう。先に触れた個人の現金・預金961兆円に金利が5%つけば、約48兆円である。それに対して税金が20・315%（国税15・315%、地方税5%）課税されるので、約9・8兆円の税収増となる。これは消費税5%分の税収に相当する。

さらに、現金・預金の60％を60歳以上の高齢者が保有しているとすれば、高齢者1人あたり年間約53万円（税引き後）の利息が入ってくる計算になる。そうなれば、将来の漠たる不安を募らせて貯蓄に励んでいる高齢者たちも、お金を使って人生を楽しもうという気になるはずだ。

つまり、資産が貯まっているにもかかわらず「低欲望」な社会においては、従来のマクロ経済学の理論とは逆に、金利は高いほど景気が良くなるのだ。さらに、日本が金利を5％にすれば、その高金利を目当てに世界中から日本に資金が集まってくるだろう。

私はこれを結論として述べているのではない。あくまでも「仮説」である。金利が高くなれば倒産する企業や破産する個人がたくさん出ることも間違いない。しかし、モラトリアム法で救済した企業の業績は改善していないので、それが自由主義経済の自然な姿と割り切るのも、一つの考え方だ。

そもそも経済学は時代、世代、年代、場所ごとに異なるミクロ経済の積み上げでしかないのだから、ミクロベースでマクロ政策を考えるべきなのだ。

明確なライフプランを定める

その一方で、これから個人はどうすべきなのか？

公的年金の受給開始選択年齢を70歳以降に引き上げようとする動きや２０１８年度の税制改正などを踏まえると、いま50歳以下のサラリーマンは「国に見捨てられる」という危機感を持ち、「会社から給料をもらっている」うちに定年退職後の備えをしておかねばならない。

定年退職後も10年以上年金がもらえないという最悪の事態を想定し、「死ぬまで」自分で稼げるようにすることは、これから最も大切なスキルとなる。

そこで重要なのは、まず「自分はこういう人生を送りたい」という明確なライフプランを定めることだ。

日本人の多くは、学校で社会に出た後の「生き方」を教えてもらう機会がない。教師というのは学校の外で仕事をしたことがないのだから、教えられるはずもない。

そのため、多くの人が「自分はこういう人生を送りたい」というライフプランを持っていないし、社会に出てからも上司など身近なところに「あの人のようになりたい」という事例が少なすぎる。

したがって、大半の日本人は「漠たる将来の不安」を感じ、老後にお金があっても人生を楽しむために使わず、さらに貯蓄に励むので、「死ぬ瞬間が一番金持ち」になっている人が少なくない。

どういう人生を送りたいのかというライフプランがなく、漠然とした(というか、いざという時のための悲観的な)ファイナンシャルプランがあるだけで、貯めたお金の使い方が分からないから、そうなってしまうのだ。

遅くとも50代に始める必要がある

現に、リタイアした高齢者たちが普段何をしているかといえば、犬と散歩したり、ベランダでランを栽培したり、銭湯代わりに近所のフィットネスクラブに通ったり、といった程度である。出かける場合も旅行以外では、さほどお金のかからないゴルフ、登山、釣りなどが中心だ。内閣府の調査によると、高齢者の4人に1人は親しい友人もいない。

　だから、このままではあの世に行くまでに貯金を使い切れないと分かった高齢者たちで、ミシュランの３つ星レストランや高級温泉旅館、豪華客船クルーズ、２泊３日〜５泊６日で１人１００万円前後もするＪＲ東日本の「ＴＲＡＩＮ ＳＵＩＴＥ 四季島」やＪＲ西日本の「トワイライトエクスプレス瑞風《みずかぜ》」、ＪＲ九州の「ななつ星in九州」などが賑わっているのだ。これを私は〝やけっぱち消費〟と呼んでいる。

　また、私は企業の本部長クラスを対象にした「大前経営塾」という講座の中で、受講者の人たちに拙著『50代からの選択』を読んでもらった上で「老後にやりたいことはいくつありますか？」と質問しているが、二つ以上答えられた人はほとんどいない。そこで私は「人生というのは老後にやりたいことが20くらいはないとダメですよ」とアドバイスしている。

　つまり「屋内でやること」「屋外でやること」「１人でやること」「友人とやること」という四つに分けたマトリクスを作り、それぞれの領域でやりたいことが五つずつくらいないと、充実した老後の人生をエンジョイできないと思うのだ。

そして、それらの「やりたいこと」は現役時代に、遅くとも50代で始めなければならない。リタイアしてから始めようと思っても、体力が衰え、感性も鈍っているので、スポーツ系は危なくてしょうがないし、芸術系は上達しないからである。老後のライフプランについても、ファイナンシャルプランと同様に若いうちから立てておかねばならないのだ。

実際、私自身はこれまでにクラリネット演奏、音楽鑑賞、バイク、スキー、スノーモービル、水上スキー、スキューバダイビング、ゴルフ、テニスなど20以上の「やりたいこと」をやり、古希を過ぎた現在も楽しんでいる。

欧米先進国の人たちは若い頃からライフプランを作り、それにファイナンシャルプランを一致させているので、老後をどのように過ごすかということも明確に計画している。たとえば、アメリカ人は暖かい南の地域に別荘を買って自分たちが使わない時は貸し出し、リタイアしたらそこに移住する。ヨーロッパ人は毎年、長期間のバケーションに出かけて人生を謳歌し、老後はそれをさらに加速させる。

欧米人にできて、日本人にできない理由はないはずだ。

お金は使うためにある

現役時代からやりたいことを全部やる――それがお金の有効活用というものであり、老後の人生にも生きてくるのだ。お金は貯めるためではなく、使うためにある。人間は働くためではなく、人生をエンジョイするために生まれてくるのである。

ところが日本人は、政府が戦後復興のために国策として貯蓄を奨励したため、今でも「貯蓄は美徳」だと思っている。だから「死ぬ瞬間が一番金持ち」になってしまうのだ。しかし、子孫に美田を残しても、親族の間で醜い相続争いが起きたり、バカ息子やバカ娘が無駄遣いをするだけだろう。

また、欧米にはボランティア文化が根付いているので、多少なりともお金に余裕のある人は、恵まれない人たちや途上国などに対する寄付で世界に貢献することが当たり前になっている。教会に寄付して若者のボランティア活動を支援したり、「国境なき医師団」「国連WFP（世界食糧計画）」「ユニセフ（国連児童基金）」「WWF（世界自然保護基金）」などに寄付したりしている。

たとえば、私のマッキンゼー時代の友人はアフリカに学校を作り、毎年、夫婦で現地を訪れている。それが彼らにとって老後の生きがいであり、楽しみになっているのだ。

私も、アジアの二つの小学校に新校舎をＮＰＯを通じて寄付した。２０１５年のネパール大地震で倒壊した小学校と、ラオスの貧弱な掘っ立て小屋だった小学校だ。いずれ現地に行って、子供たちに会ってみたいと思っている。

しかし、残念ながら日本人は、そうしたボランティア活動に多額の寄付をする人は極めて少ないと思う。なにしろ地方自治体に対する寄付（ふるさと納税）でさえ、返礼品の魅力によって選択しているほどだから、推して知るべし、である。

死んだ時にお金を余らせない

話を戻そう。そもそもライフプランがないと、今後の人生でどれだけお金が必要で、その資産をいかに形成・運用するかというファイナンシャルプランを立てることができない。逆に言えば、ライフプランがあって初めてファイナンシャルプランを立てられる。そうして誰もが自分のファイナンシャルプランを持てば、それぞれの欲望をかなえるために金利やマネタリーベースに反応するようにもなる。

日本人がやるべきは、まずライフプランを定めた上で自分のバランスシートを作り、ネット・プレゼント・バリュー（正味現在価値）を正確に把握することだ。

所有している住宅の残存資産価値はどれくらいあるのか？

加入している保険や年金の価値はいくらなのか？

そういったことを計算してきちんとしたファイナンシャルプランを組み立て、それに自分が望むライフプランをマッチングさせてバランスシートを最適化していくのだ。これはアメリカ人やドイツ人なら誰でも30代からやっていることである。

この作業をやってみると、実は、かなりの日本人は死んだ時にお金が余るということが分かる。お金が余ると分かった人たちは、そのお金を生きているうちに、人生をエンジョイするために使おう、と考えるはずだ。つまり、ライフプランとファイナンシャルプランを一致させれば、「漠たる将来の不安」と「保有資産」のギャップを埋めて、消費行動につなげることができるわけだ。シニア世代の「低欲望」の原因は日本人の染色体にあるのではなく、将来が見通せないために、安全圏で生活したいと願う本能の部分が大きい、と考えるべきだ。若い世代の「低欲望」は、そういう大人を見て育っているので、〝遺伝〟と見ることもできる。

さらに、人生について家族でディスカッションすることも大切だ。

日本の場合、コツコツと勤勉に働くという人生しか、学校では教わっていない。しかし、欧米先進国のライフスタイルは、たとえば夏のバケーションをイタリアは2か月、ドイツは1か月、アメリカでも2週間ほどまとめて取り、家族そろって優雅な休日を楽しんでいる。

この彼我の差について家庭で議論し、どうすれば自分たちの人生が、もっと豊かで楽しいものになるかということを考えるべきなのだ。

ここにきて日本でも、ようやく地域ごとに小学校・中学校・高校の夏休みなどの一部を別の時期にずらして大型連休とする「キッズウイーク」の導入が検討されている。これは盆暮れやゴールデンウイーク、シルバーウイークなどに集中している休みを平準化できるので、国民にとっても観光業にとっても非常に良いことだと思う。ただしそれは、政治家が選挙対策で乱発してきた国民の休日を削る政策と連動することが前提条件だ。

「月15万円」を目標に稼ぐ

そしてファイナンシャルプランを組み立てる時に肝に銘じるべきは、「自営」が「自衛」につながる、ということだ。サラリーマンは、できれば30歳、遅くとも40歳を過ぎたら、自分で「稼ぐ力」＝「キャッシュを作り出す力」を磨くべきである。

なぜ、会社から給料をもらっているうちに定年後の備えをすべきなのか？

会社に勤めている間というのは〝天国〟だからである。第1章でも述べたように、普通の日本企業の場合、新しいことをやって失敗しても、出世が遅くなったり降格されたりはするかもしれないが、クビにはならない。

ならば、いろいろなことに積極的にチャレンジして、「会社のため」ではなく「自分自身のため」に、定年後の売り物になるスキルと経験を（なるべく会社の舞台を生かしながら）磨けばよいのである。

詳しくは第3章以降で後述するが、これからとくに有望なのは、サイバーマーケティングなどの分野である。今、サイバー空間には人手をかけずにビジネスを実現できる全く新しいツールが次々と生まれている。会社に勤めている間にそうしたソフトの使い方に熟達して実績を作っておけば、それに対するニーズは日本中にゴマンとある。

自分のために稼ぎ出す目標金額は、とりあえず「月15万円」に設定すればよいと思う。持ち家で住宅ローンの返済が終わっていれば、月15万円あったらそれなりに生活していけるだろうし、そのくらいの金額なら稼ぐこともさほど難しくないと思われるからだ。

50代になったら月々15万円ぐらいのキャッシュを稼げるビジネスにトライし、それを定年後に拡充していけば、老後の不安を一気に解消することができる。

そこで重要なのは、1回や2回失敗しても「めげない」ことだ。成功するまでやり続ける——それがビジネスの要諦であり、たとえば45～50歳で起業すれば、定年までの15～20年の間に三つか四つのビジネスにトライできるから、だんだん勘所《かんどころ》が分かって成功確率が高まっていくはずだ。

もし、勤めている会社が副業を禁止していたら、表向きは配偶者や子供に先行してやってもらい、定年退職してから自分で本格的に取り組めばよい。「自営」は、自分の人生を国の政策に任せるのではなく、自分自身で守って、より良く、より豊かなものにする最大の武器となるのだ。

第3章 実践編1

会社を実験台にして「稼ぐ力」を身につける

定年退職後も引く手あまた

第2章でも述べた通り、会社に勤めている間は、新しいことにチャレンジすべきである。サラリーマンでいる間にいろいろなことを会社に提案し、率先してやってみるのだ。定年退職後、自分の「値札」と「名札」として使えるスキルを磨き、経験を積むのである。

一つの目安として、今の自分が会社から払ってもらっている給与に匹敵する額の〝2倍〟を稼ぐ力を目標値にして、その能力を磨いていく。

なかでも有望な分野は、第2章で少し触れた「サイバーマーケティング」だ。

そもそも地方の企業では、マーケティングそのものが機能していない。昔ながらのドブ板営業や訪問セールスを続けている会社が多い。かといってマーケティング会社に大金を払う余裕もない。自社でマーケティングをやろうと思っても、人手をかけた人海戦術しかなかった。これまた膨大な人員とコストがかかってしまう。

そうした時に役立つのが「マーケティング・オートメーション」だ。ITによってマーケティング業務を効率化する手法である。

たとえば、マーケティング・オートメーションのパッケージソフトの一つである「マルケト（Ｍａｒｋｅｔｏ）」。これはサイバー空間にいる多種多様な人々に対し、Ｗｅｂサイトの仕掛けで自社が提供している商品やサービスに興味を持ってもらい、サイトに来てくれた人に対してメールなどで営業活動を行い、購入や利用につなげるＩＴツールだ。

顧客のＷｅｂサイト訪問履歴などをＩＴで管理し、そのアクションに対して的確な営業メールを自動で送ることもできる。また、キャンペーンプログラムを効果的に測定できるので、今後、ターゲットをさらに絞った新規キャンペーンを打つことも可能だ。蓄積されたデータは営業部門とも共有し、それを説明会や電話での営業活動に結びつけることもできる。

従来、物を売って利益を得るためには、渋谷や新宿などの人が多く集まる場所に店を開き、集客する必要があった。しかし、それには多額のコストがかかるし、思ったように商品が捌《さば》けなければ、初期投資が大きい分、大きな損失が出てしまう。

しかし、サイバー空間で客を集め、その人たちに商品を売ることができれば、実際に店を開くよりも、格段に安いコストと低いリスクでビジネスを展開することができる。また、都市部に本社を構える必要もなく、ＩＴ環境さえあれば田舎でも不可能ではない。

では、ネット販売を行えばそれでよいのか、といえば決してそうではない。闇雲に販売したところで、売れる保証はない。だからこそそのサイバーマーケティングなのである。

マーケティング・オートメーションのパッケージの導入は、いま勤務している会社にとって決してマイナスにはならない。すでに導入済みなら、なおさら手を挙げてその部門の専任になってしまえばよいのである。

このソフトを使いこなして成果を出すことができれば、定年退職後も引く手あまたになるだろう。なぜなら日本企業、とくにＩＴ化が遅れている中小企業には、そういうソフトを活用しているところが極めて少ないからである。ましてやその人材となると皆無に等しい。

会社にいる間にスキルを磨く

実際、日本の企業の多くは、最もIT化しやすい経理部門においても、未だに経理部の社員が昔ながらのシステムで数字を打ち込み、「人依存」で売掛債権の回収や買掛債務の支払いをやっているケースがほとんどだ。

テレビCMでは、「勘定奉行にお任せあれ」と20年以上前から発売されている経理ソフト「勘定奉行」をしつこいくらいに宣伝しているが、それは裏を返せば、あれほど便利なものであっても導入している企業がそれほど多くないということだ。

「大蔵大臣」、「弥生会計シリーズ」、「MFクラウド」、「フリー（freee）」……優れたツールは数あれど、使わなければ宝の持ち腐れである。

そうした日本企業の実態を考慮すれば、会計ソフトやマーケティング・オートメーションのソフトを使いこなせるというだけで、企業垂涎《すいぜん》の人材になることがお分かりだろう。

また、マーケティング・オートメーションのソフトを導入したとしても、社内の既存の営業部隊やセールス部隊と競合する必要がない。しかも、売り上げが立った時はクレジットカードと宅配便で商いが完結してしまうので、人手もコストもかからない。

定年後、こうしたスキルを自分のPRポイントとして再就職すれば、月15万円どころか、月100万円以上の収入を得ることができるかもしれない。しかも、こうしたスキルの習得には、会社員なら自腹を切る必要がない。1円もかけずにスキルが学べるのだから、自分がサラリーマンでいることに感謝すべきだろう。

ゆえに私に言わせれば、会社勤めの間というのは、〝天国〟なのである。

ほとんどの副業や兼業はOKに

日本はこれまで、「モデル就業規則」を定め、そこに「許可なく他の会社等の業務に従事しないこと」という遵守事項を設け、サラリーマンの副業や兼業を原則禁止としてきた。

ところが安倍政権は「働き方改革」の一環として、一転して副業や兼業を容認する方向に舵を切った。「モデル就業規則」に、「労働者は、勤務時間外において、他の会社等の業務に従事することができる」という条項を新たに設けたのである。

条項の細則を見ると、副業や兼業が認められないのは次の場合のみだ。

①労務提供上の支障がある場合
②企業秘密が漏洩する場合
③会社の名誉や信用を損なう行為や、信頼関係を破壊する行為がある場合
④競業により、企業の利益を害する場合

ほとんどの副業や兼業がOKになったと考えてよいだろう。

多様な働き方を認めることで、人材不足を補うとともに、能力開発・人材開発につなげて経済の活性化を促すのが国の狙いだというが、果たしてうまくいくだろうか？　国家公務員に関しても、NPO法人（特定非営利活動法人）やNGO（非政府組織）などの「公益的活動」を目的とした兼業に限り認める方針だというから、いよいよ副業・兼業時代に突入したということだろう。

だが、これはあくまで官僚の浅知恵であって、やる人はすでに副業・兼業を始めている。こうした官製ムーブメントに乗って、普通のサラリーマンがいきなり副業や兼業を始めても、コンビニや飲食店の店員、ビルの守衛や清掃員、高速道路の料金徴収員など、「時給いくら」のアルバイトをするのがせいぜいだろう。自分自身の労働環境を悪化させるだけである。

本来、副業・兼業は、「特殊な技能」を売って、高い報酬を得るようなものでなければならない。

たとえば、イタリアの男性は仕事を二つ持っている人が多い。二つ目の仕事（副業・兼業）は英語で「ムーンライト」と呼ばれる。つまり夕食後に月の光を浴びながら、二つ目の職場に出勤して深夜まで働くのである。ちなみに「月光」を意味する「ムーンライト」には、「（夜間の）副業をする」「夜のアルバイト」という意味がある。

ただし彼らの大半は、昼と夜とで別の仕事に従事するのではなく、同じ仕事をしている。たとえばファッションデザイナーだったら、夜は同業他社の仕事を手伝ったり、東欧諸国など海外の会社の仕事をフリーで請け負ったり、といった具合である。なかには週末にアドリア海を渡ってトルコへ飛び、2〜3日働いて帰ってくるというケースもある。

イタリア人の彼らが副業・兼業をする理由は、二つある。一つは、「ムーンライト」の所得は税務署に捕捉されにくいということだ。もう一つは、「ムーンライト」で稼いだお金を夏休みなどの長期間のファミリーバケーションに使って、人生を謳歌するためである。

目指せ、サイバー部長

実は日本でも一時、週末に海外で副業・兼業をやっていたサラリーマンがいた。かつて九州が「シリコンアイランド」と呼ばれていた頃、九州各地の工場で仕事をしていた日本企業の半導体エンジニアたちである。

彼らは毎週金曜日の夜になると、韓国にフライトした。サムスン電子やLGエレクトロニクスなどに自分の技術を教え、日曜の夜に帰国するのである。こうした民間の〝有志〟による技術移転の結果、日本は韓国に半導体のシェアを奪われてしまったのである。

だが、今や日本企業で海外から高く買ってもらえそうな技術を持った人材は激減している。ＡＩ（人工知能）やＩｏＴ（モノのインターネット／身の回りのあらゆるモノがインターネットにつながる仕組み）などの世界で、日本の技術の優位性はない。彼我の差が逆転してしまっているのだ。

では、いま日本企業で求められている「特殊な技能」とは何か？

代表的なものは、コンピューターのプログラミング技術だろう。今までにないサービスや価値を生み出すことができれば、それだけで大金を稼げる。

プログラミング技術がないならば、その次に求められるのが、そのソフトを操るスキルである。ワードやエクセル、パワーポイントの話をしているのではない。先ほど紹介した「マルケト」のようなマーケティング・オートメーションのソフトを使いこなす技能だ。なぜなら、全世界数十億人が住んでいるサイバー社会の中で、自社の顧客を効率的に獲得する方法は、どんな会社でも欲しているからである。

マーケティング・オートメーションに限らず、いま企業が他人の力を借りてでも（言い方を換えれば、大金を支払ってでも）やりたいのは、サイバー社会における新事業の構築である。したがって、副業・兼業の第一歩はサイバー社会での試行錯誤から始めなければならない。

すぐに副業にならなくてもよい。いま勤めている会社で給料をもらいながら、サイバー社会の分野にチャレンジさせてもらえばよいのである。目指すは「サイバー部長」。成功するコツは、「イントラプレナー（社内起業家）」の志を持つことだ。

クラウドで圧縮できる人件費

マーケティング分野だけでなく、今や会社の間接業務は、ほとんどすべてクラウドコンピューティングやクラウドソーシングのツールを活用することによって、タダ同然で効率化できる。

たとえば、弁護士／法律ポータルサイトの「弁護士ドットコム」、会計ソフトの「マネーフォワード」や「フリー」、顧客管理や営業支援の「セールスフォース」など、法務、給与計算、営業、購買といったさまざまな分野で、非常に安く使えるフリーミアム（Ｆｒｅｅｍｉｕｍ）のツールが相次いで登場しているのだ。フリーミアムとは、フリー（無料）ビジネスの一つで、基本的なサービスや製品は無料で提供され、顧客がさらに高度な機能や特別な機能を利用する際には課金されるビジネスモデルのことである。

実際、こうしたツールを用いて驚くほどのローコストで運営している会社がある。2013年創業の「スキャンマン」というベンチャー企業だ。

主な事業はその名の通りスキャン代行。すなわち、同社の社員が顧客の自宅やオフィスまで出向き、名刺や領収書、契約書などをスキャンしてデジタルデータ化する派遣型スキャン代行サービスである。

この企業の特徴は、その他の定型業務を、クラウドコンピューティングやクラウドソーシングのツールに肩代わりさせてしまったところにある。

具体的に見てみよう。

●電話対応＝IP電話アプリ「050plus」
●メール対応＝「Gメール」
●タスク管理・シフト調整＝スマホアプリ「トレロ（Trello）」

●社員同士の連絡＝スマホアプリ「ＬＩＮＥ」
●決済＝スマホ・タブレット決済対応端末「スクエア（Ｓｑｕａｒｅ）」、債権管理代行「ＮＰ後払い」
●請求書作成＝クラウド請求書作成サービス「ミソカ（Ｍｉｓｏｃａ）」
●出張旅費・経費精算＝経費管理クラウドシステム「コンカー（Ｃｏｎｃｕｒ）」
●経理入力＝バーチャル経理アシスタント「メリービズ（ＭｅｒｒｙＢｉｚ）」
●業務報告書・日報管理＝ブラウザ内の共同作業ソフト「Ｇｏｏｇｌｅドキュメント」
●契約書のリーガルチェック＝弁護士ドットコム「クラウドサイン」
●社員教育＝クラウド型マニュアル作成ツール「ティーチミービズ（ＴｅａｃｈｍｅＢｉｚ）」

これらはクラウドで運用するためコストが安く、かつ社員がパソコンやスマホから自由にアクセスできるので「いつでも、どこでも、誰でも」使えて、バックアップもクラウド上に確保できる。これらを駆使した同社のトータルコストは、月額わずか数十万円だという。さらに、顧客のもとに派遣する営業マン50人分の間接業務を、たった1人のスタッフでバックアップしている。大幅な人件費の圧縮にも成功しているのだ。

証券会社からトレーダーが消えた

スキャンマンは、今の日本ではある種の革命児的な存在だ。なぜなら、同社が採用しているようなクラウドサービスを全面的に活用すれば、定型的な間接業務の生産性を飛躍的に高めることができるからだ。

このケースは小さい企業だからできたのではないか、と疑問に思う人もいるだろう。だが、そうではない。

たとえば、アメリカの証券会社ゴールドマン・サックス。2000年頃は500人のトレーダーを擁して〝世界最強のトレーディングルーム〟をニューヨークに構えていた。だが、2018年の時点でニューヨークのトレーディングルームにいるトレーダーの数は、たった3人だという（『ブルームバーグ』2018年5月1日付）。

現在の株式取引は、コンピューターによる超高速の売り買いになっていて、スプリットセカンド――１秒の何分の１というほんの一瞬の間に取引を終えてしまうものになってしまったのだ。もはや人力では間に合わない領域に突入している。

ゴールドマン・サックスは依然として世界最強のトレーディングを誇るが、それは「株式売買自動化プログラム」によるところが大きい。そしてこのプログラムを支えているのは、大勢のトレーダーではなく、２００人のコンピューター・エンジニアなのだ。いわば、６００人のトレーダーは、その３分の１のコンピューター・エンジニアに取って代わられたのである。ゴールドマン・サックス全体を見ても、全社員の３分の１にあたる９０００人がコンピューター・エンジニアである。

彼らはＩＴ技術を駆使して、取引の高速化を図っただけでなく、人件費も削減してしまった。最新技術によって人員をカットし、業務を効率化することこそ、世界の潮流なのである。

デジタルの河を渡れ

クラウドコンピューティングやクラウドソーシングと言われても、ＩＴにそれほど詳しくない向きは、思わず頭を抱えてしまうかもしれない。

事実、現代のデジタル社会では、「デジタルデバイド」（情報格差）がますます広がっており、ＩＴ技術を使いこなせる人は〝向こう岸〟に渡れるが、使いこなせない人は〝こちら岸〟に取り残されてしまっている。デジタルデバイドは、すでに貧富や機会、社会的地位などの格差を急速に広げつつある。

日本の会社の多くはまだ、〝こちら岸〟にいる。自分と同じ世代を見渡しても、ほとんどが〝こちら岸〟だろう。であるならば、なおさらチャンスである。意を決して、自分から〝向こう岸〟に渡ってしまえばいいのである。

たとえば、前述したマーケティング・オートメーションなどの導入を会社に提案すれば、必然的に自分が〝向こう岸〟に渡らなければならなくなる。自分で自分を追い込んで、勉強せざるを得なくしてしまうのだ。

私自身も世代的には〝こちら岸〟の人間だ。理系出身だが、必ずしもＩＴに詳しかったわけではない。半ば強制的に〝向こう岸〟に渡り、必死に勉強してみると、新たなセグメントも見えてきた。このことで得た結論は、〝こちら岸〟で経験して蓄積された知識や思考は〝向こう岸〟でも十分に役に立つ、ということである。

自分より若い人間がいくらＩＴ技術に強かったとしても、彼らには蓄積された経験がない。〝向こう岸〟に渡ったことで、その経験が強みになったのだ。

渡ってみれば分かるが、〝こちら岸〟と〝向こう岸〟を隔てている溝は、深くも広くもない。では、なぜデジタルデバイドが広がっているのかと言えば、シニア世代が今までの経験に胡座《あぐら》をかき、新しいことに挑まないからだ。経験を持ったシニア世代こそ、積極的にサイバー空間を目指すべきなのである。

サイバー空間は習うより慣れろ

とどのつまり、サイバー空間は〝慣れ〟でしかない。

たとえば、今の高校生に「○時○分に○○駅北口に集合」と言えば、さっとスマホを取り出し、「ナビタイム」や「乗換案内」などのアプリで、すぐに行き方を調べるだろう。電車なら運賃がいくらかかって何分後に到着するのか、徒歩の場合、タクシーの場合、と瞬時に分かってしまう。彼らは地図や時刻表は読めないかもしれないが、スマホによって正確な情報を難なくゲットすることができる。

〝こちら岸〟にいる人間からすれば、そういうこと自体が想像できないかもしれないが、生まれ落ちた瞬間からデジタルに囲まれて育った彼らにとっては、それが当たり前なのだ。

要らなくなった物を「メルカリ」で売る。「ＬＩＮＥ」でいろいろな人とつながる。こうしたことが疑いもなく享受され、何かしたいとなったら、彼らはまず「グーグル」や「ヤフー」で検索したり、スマホのアプリを探したりするのだ。そして、ほぼすべての欲しい物や情報を、サイバー空間で手に入れる。彼らは生まれながらにしてサイバー空間の住人なのだ。

シニア世代は、これからもお金を稼ぎ出そうと思うならば、遅かれ早かれ、サイバーの世界に飛び込むしか手がないのである。最初は、出張旅費の精算にソフトを導入する、といった程度でかまわない。自分の会社を「サイバー化する」という気概で、何か一つでもよいから取り組んでみるのだ。

あなたがリーダーとして、「自社サイバー化」の旗振りをしたとしよう。プロジェクトが軌道に乗った暁には、あなたはすでに〝向こう岸〟の優秀な人間になっているはずだ。

レジのいらない小売店

パソコンすら必要ない社会も、すでに到来しようとしている。

たとえば、アメリカの「スクエア（Ｓｑｕａｒｅ）」。この企業を興したのは、ジャック・ドーシーという、まだ40代の人物だ。エヴァン・ウィリアムズらとともに「ツイッター（Ｔｗｉｔｔｅｒ）」を創業した男、と言ったほうが通りがよいだろう。

スクエアは「Ｓｑｕａｒｅリーダー」という商品を開発したのだが、これはスマホやタブレットのイヤホン端子に専用のデバイスを差し込んで「Ｓｑｕａｒｅ ＰＯＳレジ」という専用のアプリをダウンロードすれば、モバイル端末がたちどころにクレジットカードの決済端末（ＣＡＴ）になる、というものだ。レシートの発行

（メールやSMSによる送信、紙レシートの印刷）もできる。このSquareリーダーというクレジットカードの読み取り端末は、すでに日本のコンビニでも販売されている。

これまでは家族経営をしているような小さな店でも高価なPOSレジを導入するのが当たり前だったが、Squareリーダーを利用すればPOSレジが必要なくなるのだ。

さらに、このシステムは商品の発注や在庫管理、売掛金の回収、買掛金の支払い、日次や週次、月次の売り上げ集計まですべてフォローしてくれる。スクエアがクラウド上でそうした膨大なデータを管理しているから、それが可能なのだ。

店の立場から見ると、スモールスタートが可能になるので新規参入がしやすい。ビジネスマンの立場から見れば、このシステムに精通すると「スマホ1個あれば、お店が開けます！」とコンサルタント的なこともできる。スマホ決済のコンシェルジュ的な存在となり、地方の中小企業や商店街に導入を勧めるのだ。商慣習の変革に一枚噛んでしまうのである。

勧めている会社が多くの小売店を抱えているなら、POSレジをSquareリーダーに変更し、今まで在庫管理などに割いていた人材を営業に回すのはどうか、という提案もできる。そうすれば、会社の中で一目置かれる存在になるはずだ。

中国からのインバウンドが多い九州では、「アリペイ（Alipay＝支付宝）」や「ウィーチャットペイ（WeChat Pay＝微信支付）」が使っているQRコード読み取り方式のほうが需要が大きいだろう。すでにオリガミ、メタップス、LINE、楽天、アマゾン、NTTドコモ、ソフトバンク・ヤフーなどがその事業を始めている。

新興国で爆発的に広がるデジタル技術

こうしたデジタル革命の波は、日本や欧米だけに押し寄せているのではない。むしろ、デジタル技術は新興国のほうが爆発的に広まっている。有線電話とスマホを比べれば分かるように、前者は膨大なインフラ整備を必要とするが、後者は基地局を増やせばネットワークが拡大する。だから、電話回線や光ファイバーなどの有線インフラが整う前にスマホが普及したアフリカやインド、中国などは、モバイル通信が中心の社会になっているのだ。中国の都市部のスマホ所有率はほぼ100%である。

たとえば、先述した「アリペイ」は、中国のeコマース最大手アリババ傘下の金融会社アント・フィナンシャルが手がけるQRコードを使ったモバイル決済サービスだ。中国では屋台でもアリペイですぐに支払いができてしまう。ホテル代はもちろんのこと、病院の診察費も、お年玉や慶弔金の送付もQRコード決済で可能だ。結果、中国では日常生活で現金を目にすることがほとんどなくなっている。日本でも2017年1月から、ローソンでのサービスが始まった。

一方、「ウィーチャットペイ」は中国のSNSとオンラインゲーム最大手テンセントによる同様のQRコード決済サービスで、この二つを合わせた2016年の取引額は2・9兆ドル（約320兆円）に上る。「アリペイ」は2012年／700億ドル（約7・7兆円）→2016年／1・7兆ドル（約188・7兆円）、「ウィーチャットペイ」は2012年／116億ドル（約1・3兆円）→2016年／1・2兆ドル（約133・2兆円）、とわずか4年間でとてつもない伸びを見せているのだ（Better Than Cash Alliance調べ）。

アリババがこの日に独身者向けのセールを始めたことをきっかけに、いま中国では11月11日を（1が寂しく四つ並んでいるので）「独身の日」と呼び、各インターネット通販サイトで大がかりなセール合戦を繰り広げている。セールの仕掛け人のアリババは2018年、Tモール（天猫）、タオバオ（淘宝）など傘下のインターネット通販サイトの売上高が2135億元、日本円にして約3兆5000億円となり、過去最高を記録した。これは前年比約27％増だという。

QRコード決済の利用者は「アリペイ」が約5億人、「ウィーチャットペイ」が約9億人に達している。利用者は重複しているが、それを勘案しても中国人は両方、もしくはいずれかのQRコード決済サービスを使って、サイバー空間を闊歩しているわけだ。

サイバー空間とリアル空間をつなぐ

ただし、サイバー空間には弱点がある。

サイバー空間はサイバーだけでは成立しない、ということである。商品の販売から注文までをサイバーで完結できたとしても、製造も配達もリアル空間である。サイバー空間とリアル空間を行ったり来たりしなければ商売にならない。誰かがつながねばならないのだ。ここにシニア世代の入り込む余地がある。リアル空間の経験値と知恵で、サイバー世代を凌駕《りょうが》するからだ。

データの問題もある。ＩＴに優れた人間や企業は、ビッグデータの処理に長けている。だが、こうした集団はまだ歴史が浅い集団が多く、データそのものを持っていないことが多い。ビッグデータの基となる膨大な顧客情報などを保有しているのはやはり老舗《しにせ》企業なのである。つまり、ＩＴを専門にする〝向こう岸〟の企業と、ビッグデータの基を持つ〝こちら岸〟の企業を結びつける。そういう役割を、〝向こう岸〟で勉強したシニア世代は担えるのではないか。

佐賀大学出身の菅谷俊二《すがやしゅんじ》氏らが２０００年に佐賀県で起業した「オプティム」というベンチャー企業がある。ＡＩやＩｏＴを駆使したサービスを提供する会社なのだが、いま同社は積極的に既存の企業や団体とのコラボレーションを展開し、たとえば佐賀大学や佐賀大学病院と組んで患者の膨大な情報処理を行っている。

農業もオプティムの守備範囲だ。たとえば、畑の上にドローンを飛ばし、同社の持つ画像認識技術で虫に喰われている箇所を発見し、そのデータを基にした害虫駆除を手がけている。画像認識で害虫を発見したら、そこにまたドローンを飛ばし、少量の農薬でピンポイントの駆除を行うのだ。ヘリコプターから撒《ま》くと、どうしても畑全体に農薬がかかってしまうが、これならば低農薬が実現するし、農薬代も節約できる。

（〝向こう岸〟にいる）菅谷氏の面白いところは、これを彼が卒業した〝こちら岸〟の大学をベースに佐賀限定のサービスとして展開していることだ。佐賀の農家がオプティムと契約した場合は、無料でこのサービスが受けられる。その代わり、収穫した野菜はすべてオプティムが市場に出す。低農薬なので当然、通常より高値で売れるが、マーケットより高く売れた分は、オプティムと農家で折半する。農家から見れば、無料でサービスを受けられる上、収入が増える可能性が高い。一方のオプティムは、これによって膨大なデータを収集できるので、のちのちのビジネス展開に生かすことができる、というわけだ。

本章では、スキャンマン、スクエア、アリペイ、ウィーチャットペイ、オプティムなど、読者には耳慣れない企業や商品、サービスを取り上げたかもしれないが、考えてもらいたいのは、なぜ彼らのようなサービスや商品がいま商売になっているのか、ということだ。そこには新しいビジネスのヒントが隠されている。

では、自分ならどうするか？　常にこの視点でニュースを追っていけば、必ず何らかの発想を得られるはずだ。発想さえあれば、シニアになってから起業することも可能なのである。

第4章

実践編2

お金を生む発想力を磨く

起業の落とし穴

実は「起業」は決して難しいことではない。年齢も関係ない。シニア世代であろうと、起業のチャンスはいくらでも転がっている。

ただし、シニアが起業する場合、注意してほしい点がある。

一つは、複数の他人が絡んだ仕事をしないということだ。

自分だけでできる、あるいは家族や自分の親しい友人1人を加えればできる、という仕事に絞る必要がある。これはお金もそうだ。借金をしてまでやってはいけない。あくまでも自己資金の範囲で始めるべきである。

たとえば「おいしい地鶏」を売りにレストランを始めるとしよう。そうすると、地鶏を優先的に卸してくれる養鶏業者と契約する必要がある。果たしてこの養鶏業者が、一定のレベル、一定の量の地鶏を卸し続けてくれるかどうか。複数の他人が介在するとはそういうことで、ここにリスクが発生する。関わった人間の数だけ、リスクが大きくなるのだ。また、仮に成功を収めた場合でも、大手企業が参入してきてやり方を真似られたら、太刀打ちできない。

体力の問題もある。

20～30代ならば、徹夜も厭《いと》わないだろう。何日か寝ずに働いたとしても、何とかなる。マッキンゼー・アンド・カンパニーの後輩の南場智子《なんばともこ》氏は、37歳の時に「ディー・エヌ・エー（ＤｅＮＡ）」を起業した。最初の頃はオフィスに寝袋を持ち込み、会社に泊まり込んで働いていたそうだ。１日24時間を会社のために捧げたのである。

だが、これは30代だから可能だったことであり、シニアの場合はそうはいかない。同じように働いたら、体を壊して入院してしまうかもしれない。自分は１日何時間働けるのか。12時間なのか、それとも8時間なのか。無理しないで働くことができる時間を自分で設定し、それを維持するようにしなければならない。

いきなり会社をゼロから立ち上げようとするのも、やめたほうがよい。可能性があるとしたら、自分自身がＩＴ技術に精通している場合のみで、たとえば前述した「スキャンマン」のように、スマホやフリーミアム（基本的な機能は無料で使え、さらに高度な機能などを利用する際に課金される製品やサービス）のツールを駆使して、社長1人で何でもできるならかまわない。だが「そういうＩＴ関係は若い人に任せて……」と思っているようならダメだ。仮にＩＴに精通した若手がいたとしても、そんな人材がその人の会社に来てくれる可能性はゼロに等しい。

ホームページさえ立ち上げれば客が集まってくると思っているかもしれないが、何千何万というＷｅｂサイトの中から、サイバー空間の住人があなたのホームページを選んでくれるようにするためには、それ相応のＩＴ知識が必要となる。これは「ＳＥＯ（Search Engine Optimization）」という技術で、グーグルやヤフーの検索結果で自社のＷｅｂサイトがより多く表示されるために検索エンジンを最適化するＷｅｂマーケティングの一つだ。しかし、ＳＥＯをパーフェクトに使いこなせる人間はほんの一握りで、まず無理だと思ったほうがよい。ＳＥＯの専門会社も数多くあるが、ｅコマースの専門家もピンキリで、高い報酬を払ったにもかかわらず効果がない、ということはザラなのだ。

最も可能性が高いのは、従来から付き合いのある会社や人と手を組み、資本金を出し合ってやる方法だ。自分自身はフルタイムの社長として責任を持ち、パートナーに人と金を出してもらうのだ。その代わり、人一倍、汗をかかねばならない。

避けるべき「ドゥ・モア・ベター」の発想

では、何をやるか？

何をやるにせよ、「ドゥ・モア・ベター」（より良い物を作る・売る）の発想だけは、絶対にしてはならない。

日本の企業は長らく、この考えに取り憑《つ》かれている。従来の延長線上で競合他社より「もっと多く、もっと良く」と考え、そこに目標を設定してしまうのだ。

日本の家電メーカーが、こぞって業績不振に陥った理由がそこにある。冷蔵庫の容量をもっと大きく、消費電力をもっと小さく……と競ったところで、それは程度の問題でしかない。たしかに高度成長期は「ベター」になった者が勝ってきたという歴史があるが、その競争は必ず壁に突き当たる。

現に、1993年創業という比較的若いイギリスの電気機器メーカー「ダイソン」が、全く新しい発想のサイクロン掃除機やドライヤーを市場に投入したら、日本のメーカーは歯が立たなくなってしまった。

たとえば、２００９年秋に発売された扇風機「エアマルチプライアー（Air Multiplier）」。羽根を持たない扇風機のスタイルに、誰もが度肝を抜かれた。「ドゥ・モア・ベター」の発想ではないところでダイソンは勝負しているのだ。創業者のジェームズ・ダイソン氏は「人と違うことをしたい」と常々口にしているが、これこそアンチ「ドゥ・モア・ベター」の発想だ。ダイソンは20億ポンド（約２９００億円）を投資し、４００人以上の専門チームを結成してＥＶ（電気自動車）の開発に参入したが、これも今までの原理とは全く違うところで勝負してくるのではないか。

ダイソンのこれまでの成功が物語っているのは、「起業成功のカギはアイデアである」ということだ。

「ドゥ・モア・ベター」の考え方の弊害は、価格設定にも現れる。「他社よりも価格を安く」というのは、日本企業の悪しき考え方だ。ここでも、「ドゥ・モア・ベター」で発想してしまっている。

せっかく起業した人が「ドゥ・モア・ベター」の発想から抜け出せない場合、どうなるか。同じような商品を他社より安くするためには、経費を節減するか、自分の給料を削るしかない。経費を節減するといっても大工場を展開する大手に敵《かな》うわけがなく、結局、自分の懐を痛めるしかない。これでは損失を抱えるだけで、何のための起業か、ということにもなりかねない。それならば何もせずに虎の子の貯金を抱えて静かにしていたほうがマシ、ということになってしまう。だが、貯金を抱え込んだところで今の超低金利では目減りしていくだけだから、増えるのは将来に対する不安ばかりだ。

あなたがTSUTAYAの社長なら?

シニア起業の成功のカギは「アイデア」だと述べたが、では、その発想力はどうすれば磨かれるのか。

私が学長を務めている「ビジネス・ブレークスルー(BBT)大学」で自分の講義の柱にしているのが、「RTOCS《アールトックス》(Real Time Online Case Study/リアルタイム・オンライン・ケーススタディ)」というメソッドだ。これは、文字通りリアルタイムのケーススタディ――つまり現在の「誰か」に自分が成り代わり、その人の立場になって発想するというトレーニングだ。

他所《よそ》のＭＢＡ講座でも、たしかに「ケーススタディ」はある。だが、それらの大半は「すでに終わってしまった事例」の研究でしかない。ケーススタディと言いながら、最初から答えが分かっている事例を研究しているのだ。これでは発想力は磨かれない。しかも、企業を取り巻く環境は加速度的に変化している。10年前のケースをいくら研究しても、実際のビジネスの現場では役に立たないことが多いのだ。

例題を出してみよう。

たとえば、あなたが「カルチュア・コンビニエンス・クラブ（ＣＣＣ）」の社長だったらどうするか？

同社は「ＴＳＵＴＡＹＡ」という日本最大手の音楽・映像ソフトのレンタル店をチェーン展開しているが、私が指摘するまでもなく、音楽も映像もパッケージソフトをレンタルする時代ではなく、ネットからダウンロードして聴いたり見たりする時代になってしまった。こうした中、あなたが社長なら、カルチュア・コンビニエンス・クラブをどう運営していくか。

ちょっと考えてもらえば分かるが、この課題に取り組もうと思えば、カルチュア・コンビニエンス・クラブの実態を調べる必要がある。さらにはレンタル事業の同業他社の状況、レンタルの実態、ネット配信事業がどうなっているかなど、時間をかけて基礎データを集め、類似例を分析しながら、現状をしっかり把握する必要がある。こうした事実を積み上げた上で論理を構成し、その論理から自身の想像力を用いて発想を飛躍させねばならない。大変な労力だ。「RTOCS」とは、思いついたアイデアを口にすればよい、というものではないのである。

1週間に一度の「社長シミュレーション」

今のシニアよりひと回り上の世代は、サラリーマンになった時点で、誰もが社長を目指していた。

「自分が社長だったら……」

という台詞《セリフ》は、同期との飲み会で必ず飛び出した。少なくとも「社長として物事を考える」という癖があった。参考となる例は少なかったかもしれないが、「RTOCS」を地で行っていたのである。

だが、現在のシニア世代は、「自分が社長になることはない」と諦めていた人がほとんどだろう。仮に社長になったとしても、あろうことか、前任者のやってきたことを踏襲するしか能がない人が多い。そして、社長退任パーティーで「つつがなくこの4年間を終えられてホッとしています」などという聞くに堪えない挨拶をしてしまうのだ。

ビジネスの世界で「つつがなく」は最悪の言葉だ。社長として何かにチャレンジしたら、少なくとも「つつがなく」という言葉は出てこない。目まぐるしく変化するビジネス環境の中で、チャレンジしないという選択肢はあり得ないのだ。前例を踏襲していればうまくいく業種など一つもない。

さらに若い世代になると、出世も望まず、転勤さえ断るようになってきている。「責任」を忌避する傾向にあるのだ。ゆえに「自分が社長だったら……」と考えるのではなく、「自分が転勤を命じられたらどう断るか」ということばかり真剣に考えている。これは思考の〝浪費〟である。

会社に入って「上司の指示を忠実に守ってきました」というだけでは、これからの世界でサバイバルできない。与えられた課題を処理する仕事は、遠からずＡＩやロボットに取って代わられる。退職後のことを考えれば、なおさら自分自身の発想力を鍛えなければならないのである。

シニア世代が発想力を磨くためには、「自分があの企業の社長だったら……」というシミュレーション──「ＲＴＯＣＳ」をひたすら繰り返すしかない。筋肉を増やすためには筋トレをやるしかないのと同じように、アイデアを生み出す発想力もまた、増強するためにはトレーニングを重ねるしかないのだ。

この「ＲＴＯＣＳ」を１週間に一度のペースで続ければ年間約50本。１年でそれだけこなせば、相当な知識と発想力が蓄えられているはずだ。

始めるのに年齢は関係ない。やるか、やらないか。それだけである（拙著『発想力「０から１」を生み出す15の方法』（小学館新書）に詳述）。

55歳社内起業制度

むしろ私は、シニア世代ならではの経験に期待している。企業はもっと積極的に、50代のベテラン社員を活用すべきであり、具体的には「55歳社内起業制度」を提案したい。

該当者には耳の痛い話かもしれないが、社内でくすぶっているベテランほど、企業の業績を下げる存在はない。給与だけは高く、かといって使い勝手が悪い。放っておくと、彼らは自然に腐っていく。箱の中のミカンと同じで、周りの人たちも腐らせる。日本のサラリーマンはある一定の年齢になると、自分の会社員としての残りの人生を見越してしまい、あとは定年まで無事に勤め上げればよい、と後ろ向きになってしまうのである。

一例は、百貨店最大手の三越伊勢丹ホールディングス（ＨＤ）だ。三越伊勢丹ＨＤは、２０１７年11月、杉江《すぎえ》俊彦《としひこ》社長の号令のもと、大リストラ策を発表した。管理職の早期退職制度を見直し、対象年齢はバブル世代の48歳まで引き下げ、部長級は最大で５０００万円を退職金に上乗せ、課長級は最大で退職金を倍増する。これにより、３年間で８００〜１２００人の削減を目指すという。

同ＨＤの代表取締役だった大西《おおにし》洋《ひろし》氏は、カルチュア・コンビニエンス・クラブなど外部企業との提携、小型店の積極出店や高齢者向けの旅行会社の買収など、事業の多角化を推進してきた。この方向は決して間違っていなかったが、業績悪化に歯止めがかからず、任期途中に詰め腹を切らされてしまった。後を継いだ杉江社長の立て直し策が、リストラだったのである。

だが、リストラを加速させることで「成功体験をもう一度」と考えているようなら、三越伊勢丹HDの未来はないだろう。なぜなら、早期退職に積極的に手を挙げる社員こそ会社が必要としている人材であり、窓際でくすぶっている社員は、むしろ会社に残りたがるのだ。リストラによって、三越伊勢丹HDとしての基礎力は弱まっていくだろう。

では、どうするか?

同じ給料を払うなら、窓際でくすぶっているベテラン社員に、会社にとって重要な新事業の突破口を開いてもらえばよいのである。50歳から55歳の間に、社内起業のチャンスを与えるのだ。これが「55歳社内起業制度」である。

約30年間のサラリーマン生活で得た経験を生かして現在の会社の強み、弱みをあぶり出し、その分析に基づいた新規事業のプレゼンテーションを、社長相手に直に行わせるのだ。会社はそれらの中から良いアイデアを採用し、その事業を任せる。将来的には切り離して子会社化してもよいだろう。いずれにせよ、「55歳社内起業制度」は社内の起爆剤になる。

20年後に会社は生き残っているか

55歳から新しいことができるのか、と半信半疑になるかもしれないが、私が「ビジネス・ブレークスルー」を起業したのは、55歳の時である。ネットなどを活用した人材育成は当時の日本ではまだ新しく、ずいぶん苦労した。だが私には、それまでの約30年間に積み上げてきたビジネス・キャリアと人脈があった。

逆説的だが、日本で初めて文部科学省が認可したサイバーネットワークを利用したオンライン（遠隔）教育方式の経営大学院「ビジネス・ブレークスルー大学院」は、55歳を過ぎてからのチャレンジだったからこそ、うまくいったとも言える。

「55歳社内起業制度」の利点はまだある。

20代、30代の若手社員からすると、55歳で1回大きなチャンスがもらえるとなれば、必然的に「自分ならどうするか」と思考し始める。「ＲＴＯＣＳ」の発想をせざるを得ない。これは効率的な発想法の訓練となる。

中でも最大の利点は、会社を救う新規事業が飛び出すかもしれない、ということだ。

三越伊勢丹ＨＤがそうであるように、かつて「成功」した会社や業界ほど、斜陽化している。

たとえば、自動車業界は自動運転とＥＶが二大潮流になりつつある。となると将来、本格的な自動運転社会が到来すれば、交通事故は激減するだろう。自動車保険でもっている損害保険業界の寿命は、長くて20年だろう。

ガソリンスタンドの消滅も想像がつくはずだ。実際、２０１７年４月の東燃ゼネラル石油とＪＸグループの経営統合により、ＪＸＴＧホールディングスが誕生した。出光創業家が強硬に反対してご破算になりかけていた出光興産と昭和シェル石油の経営統合も、２０１８年７月に正式合意が結ばれ、２０１９年４月に新会社が発足する。この二つのグループの国内シェアを合わせると約８割に達し、石油元売りは二強時代に突入する。

こうした経営統合が頻発する背景には、彼らの焦りがある。自分たちの会社は20年後になくなっているかもしれない、と薄々気づいているのだろう。

オンデマンド型カーシェアリング「ｃａｒ２ｇｏ（カーツーゴー）」の試みは示唆的だ。

「ｃａｒ２ｇｏ」は、メルセデスベンツやスマートを展開するダイムラーが２００８年からスタートしたカーシェアリングで、登録手続きはスマホから簡単にできる。一度登録すると、チップ入りの免許証を自動車にかざすだけでロックが解除でき、すぐに利用できる。料金は「１分いくら」というシンプルな体系で、ガソリンを補給する必要もなく、駅や空港での乗り捨ても自由だ。２０１７年には全世界で約２９７万人が利用し、これは前年比30％の大幅増だった。

「ｃａｒ２ｇｏ」がサービスを展開するカナダのバンクーバーでは、約３０００台のカーシェアリング用自動車が用意された。その結果、３年間で新車を購入するユーザーが激減してしまった。

同じカーシェアリングの「ＤｒｉｖｅＮｏｗ（ドライブナウ）」という子会社を持っていたＢＭＷが、２０１８年3月に「ｃａｒ２ｇｏ」との事業統合を発表した。犬猿の仲と言われたダイムラーとＢＭＷが、子会社とはいえ統合するということに、どんな意味があるのか。それは「自動車製造会社」から「モビリティ（移動）サービス事業者」への移行だろう。

バンクーバーのようにカーシェアリングが当たり前になったら、個人の新車購入は必要なくなる。それはすなわち、自動車を製造していれば儲かった時代が終わりを告げる、ということだ。「何に乗るか」が問われないなら、重要なのは「誰がオペレーションするか」である。だからダイムラーもＢＭＷも、カーシェアリングに本腰を入れているのである。そして将来カーシェアリングの中心となるのは、自動運転のＥＶだ。

日本の自動車業界も今のままなら、「ジ・エンド」だ。新車販売を手がけるディーラーはもっと深刻で、20年後は絶滅しているだろう。

こう考えていけば、今のままで生き残る会社・業界など存在しない、ということが分かる。したがって「55歳社内起業制度」は企業が生き残るための有効な手段になり得ると私は考えている。同時にそれは、シニア世代が自分の強さを生かして生き残る術《すべ》でもある。

シャッター街で話し込もう

繰り返すが、起業で最も大事なのは「アイデア」だ。ここで頭を悩ます人は多い。だが、アイデアの種は、実はあなたの身近に転がっている。

私が心がけているのは、ローカルな地域に足を運んだ際、そこにある商店やレストランの人たちと話し込むことだ。

地方の商店街は、デジタル社会になって客足が途絶え、壊滅的な打撃を受けているが、実は彼らが持っている情報は、都会にいては得られないものばかりである。

彼らはデジタル社会の変化に対し、実に敏感だ。実害も被《こうむ》っている。ゆえにシャッター街と化してしまった商店街で生き残っているお店には、何らかの工夫がある。そういう人たちと話し込むと、非常に刺激を得られるのだ。

その商店街がシャッター街となってしまった理由、閉店した店とそうでない店の違い、生き残っている店の試み、店主が考えているシャッター街を盛り上げるアイデア……。こうしたことを、聞き出してみよう。彼らは快く答えてくれるはずだ。

うまくいっている店でなく、大変そうな店にも聞いてみるとよい。商店街の抱えている課題が、いろいろと浮き彫りになってくるはずだ。

そして同時に、「ＲＴＯＣＳ」──リアルタイム・オンライン・ケーススタディの手法で、「自分が商店街の店主の１人だったら……」と考えてみる。もしかしたら、話し込んでいるうちに、ほとんどタダで閉まってしまった店舗を貸してくれるかもしれない。起業のチャンスだ。

根っからの商売人と起業家の発想は異なるので、うまくいっていない商店街であっても、何かしらの打開策は見つかるはずである。

過日、千代田区一番町の一等地にある魚屋が閉店した。店にはこんな貼り紙が貼り出された。

「店主が高齢につき、体力が続かなくなりました。たいへん残念ですが、閉店いたします」

実は、この魚屋は隣の寿司屋とお金を出し合って、５階建てのマンションを建てている。おそらく相当な借金もしただろう。だが、なぜこの時点で店を第三者に貸し、自分は田舎で悠々自適の生活を送るという発想がなかったのか。体が動かなくなるまで働く必要があったのか。隣の寿司屋も同様で、夜は辛うじて営業しているようだが、昼間は閉めるようになって久しい。いま店舗ごと売ろうと思っても、すでに商店街がシャッター街になっているので難しいだろう。

その一方で、寿司屋の近くの珈琲チェーン店は、朝7時の開店前からサラリーマンの行列ができている。なぜなら、この店ではタバコが吸えるため、それに対する需要があるのだ。

珈琲チェーン店ですら朝から行列ができるのに、魚屋や寿司屋はうまくいかない。ここで「発想を変えればどうだろう？」と思ったなら、あなたは発想力が身につき始めている。そしてこうしたケースは、日本中のあちこちに転がっているのだ。お茶を飲みながら、あるいは食事をしながら、店主と話してみる。これも発想力を鍛える方法の一つである。

あなたが金正恩だったら？

日常のニュースも「ＲＴＯＣＳ」を試みる絶好の機会となる。

たとえば、このところずっと世界を振り回している北朝鮮の金正恩《キムジョンウン》朝鮮労働党委員長。安倍政権のように、何とかの一つ覚えで彼を批判するのは簡単だ。溜飲も下がるかもしれない。

だが、こうしたニュースさえも、やり方次第で自分の発想力を鍛えるツールとなる。

「もし自分が金正恩の立場だったらどうするか？」と問うのである。すると、金正恩の追い込まれた立場が手に取るように分かる。

父・金正日《ジョンイル》総書記の死によって、突然、北朝鮮トップのポジションが自分に回ってきた。その時、味方がいたわけではない。何か余計なことをすれば、自分が殺されるかもしれない。事実、兄である金正男《ジョンナム》を中国が推している、という情報も入っていたはずだ。周辺諸国とも関係はうまくいっておらず、アメリカや中国が自分の命を狙っているかもしれない。

もし、私が今の自分の年齢で金正恩の立場になったら、答えは簡単だ。死ぬまでとぼける。阿呆の振る舞いを続けるしか、逃れる道はないだろう。

だが、彼が父の後を継いだのは20代だ。この先30年も40年もとぼけ続けるわけにはいかない。では、どうするか。

そうやって考えていくと、金正恩の行動が見えてくるのではないか。少なくとも安倍政権のような制裁一辺倒の対応にはならない。仲良く付き合っているうちに、スキがいろいろ出てくるところを狙うほうが妥協を得られる可能性が高い。

「自分がアメリカのトランプ大統領だったら……」でもよい。ニュースを右から左に流し見て終わりにするのではなく、「自分だったらどうするか」と考える癖をつける。1週間に一度でいいから、その人になりきって考えてみるのだ。

私たちは普段、どうしても同じような考え、発想にとらわれている。年齢を重ねれば重ねるほど「思い込み」に支配されがちだ。しかし、使い古された既成概念から新しいアイデアは生まれない。「自分ではない誰かになりきる」ということは、自分のこれまでの思い込みを排除することにもなる。「ＲＴＯＣＳ」のトレーニングは、自分自身のイノベーションでもあるのだ。

経済ニュースで発想力を鍛える

こうした発想方法を身につければ、経済ニュースもアイデアの宝庫となる。
たとえば昨年、こんなニュースが流れた。

〈米血液検査ベンチャー、セラノスの創業者で最高経営責任者（ＣＥＯ）のエリザベス・ホームズ氏は14日、民事の詐欺罪を巡り米証券取引委員会（ＳＥＣ）と和解した。和解に当たりセラノスの経営権を手放し、罰金50万ドル（約５３００万円）を支払い、上場企業の役員就任を10年間禁じられた〉（ウォール・ストリート・ジャーナル日本版／２０１８年３月15日）

エリザベス・ホームズは、スタンフォード大学在学中、19歳だった２００３年に医療ベンチャー企業「セラノス（Ｔｈｅｒａｎｏｓ）」を立ち上げた女性起業家だ。脚光を浴びたのは２０１３年のこと。指先の血液１滴だけで何百種類もの疾病検査ができると謳《うた》って、投資家から７億ドル以上の資金を集めた。企業評価額は90億ドルに達し、その結果、株式の過半を所有する創業者のホームズは、「自力でビリオネア（億万長者）になった最年少の女性」となり、その美貌も相まって一躍時の人となる。マスコミはこぞって「スティーブ・ジョブズの再来」ともてはやした。ところが蓋《ふた》を開けてみると、実際の検査のほとんどは他社の実験装置を用いるなどいい加減なもので、ホームズは投資家から詐欺だと訴えられた。そして、とうとう右の記事のような決着を見たのである。女性版ジョブズは、ただの人、いや詐欺師に成り下がってしまったのである。

このニュースを読んで、日本のSTAP細胞事件に似ているな、と思うだけで終わってはいけない。ビジネス的にこのニュースに着目するならば、こうした検査を喧伝するベンチャーに、7億ドルもの資金が瞬く間に集まったことに注目すべきである。つまり「ヘルスケア分野」が、アメリカのみならず世界中の投資家から注目されているという事実だ。

そうやって見ていくと、病気の予防や検査を手がける会社の株価が上昇していることが分かる。株の投資先としても考えられるし、シニア起業を想定した場合、ヘルスケア分野で何かできないか、と発想を飛ばすこともできる。

新しいタイプの成長企業で推定時価総額が1000億円を超える会社を「ユニコーン」と呼ぶが、そうした分野にアンテナを張っていち早く目をつけ、「自分だったら……」と考えるのだ。経済ニュースは「読む」ものではなく「考える」、あるいは「発想する」原点だと捉えるべきなのである。

ダイキンの社内大学の試み

では、次の経済ニュースをあなたならどう読み解くか。

『ダイキン、ＡＩ使える社員７００人養成へ　阪大と連携』というニュースだ。

〈ダイキン工業は大阪大学と組んで人工知能（ＡＩ）に詳しい人材育成を始める。教授らを招き、ＡＩやあらゆるモノがネットにつながるＩｏＴの基本や活用方法などを社員に学ばせる。２０２０年度までに７００人弱の人材を養成する。機器販売に加え、故障予知や疲れにくい快適な空間づくりの提案など付加価値の高いサービスの強化を掲げるが、ＡＩ人材が不足しており、自前で育成する。

12月5日から社内講座「ダイキン情報技術大学」を中央研究所「テクノロジー・イノベーションセンター」（ＴＩＣ、大阪府摂津市）で開く〉（日本経済新聞電子版

／２０１７年11月30日）

ダイキン工業はさらに、２０１８年度の新入社員１００人を2年間、社内大学「ダイキン情報技術大学」に通わせるという。

社内リリース（２０１７年12月5日）によれば、〈より付加価値の高い製品やサービスの創造においてＡＩやＩｏＴの活用が不可欠になる〉という認識のもと、次のような人材の育成を目標に掲げている。

①ＡＩ技術開発人材／ＡＩの導入により社内課題を解決する筋道を描ける人材
②システム開発人材／実際にＡＩのシステムを開発できる人材
③ＡＩ活用人材／ＡＩを活用した新たな事業展開を企画できる人材

ダイキン工業はエアコンを主力製品としながら、日本では珍しくグローバル展開に成功している企業だ。家庭用ルームエアコンの国内のシェア（日本経済新聞社「業界地図２０１７年版」）は、パナソニック（22・4％）に次ぐ2位（18・1％）

だが、全社売上は2兆円を突破し、グローバル空調メーカーの空調機器事業売り上げランキングでは世界1位となっている（富士経済「グローバル家電市場総調査2017」）。

日本企業はこれまで、海外ではエアコンなどの白物家電の販売が非常に苦手だった。なぜなら、据え付け工事が必要だからだ。「キャッシュ＆キャリー」と呼ばれる、客が製品を持ち帰れば済むようなテレビやステレオでは、日本のメーカーは強みを発揮してきたが、現地業者の工事が必要なエアコンや水道工事が必要な製氷機付き冷蔵庫では、どうしても後れをとっていたのである。しかしダイキン工業は、米空調機大手の「グッドマン」などのM＆Aによって現地企業を買収したり、あるいは中国ナンバーワンの珠海格力電器と販売提携したりするなどして、こうした問題を克服してきた。今や「世界のダイキン」なのである。

そのダイキン工業が、社内大学を設立し、ＡＩやＩｏＴの人材を育成するという。

これは非常に面白い試みだ。

だが、一つだけ問題を挙げるとすれば、大阪大学と組んで、果たして「これからの技術やアイデア」を学べるか、という点だ。阪大に限らず、大学では「現在」や

「未来」ではなく、「過去」しか学べない。ＡＩやＩｏＴの先頭を走っているのは大学の研究者ではなく、ビジネスの最先端にいる人間たちだ。

また、新入社員１００人を2年間、社内大学に通わせるというが、仕事もさせずに勉強させても、その成果は微々たるものになるだろう。

たとえば、私が学長を務めている「ビジネス・ブレークスルー大学院」の学生たちは、仕事をしながらサイバー空間で学んでいる。学んだことを実際の自分の仕事でアウトプットし、さらに仕事で出た疑問を学びの場で解消する、ということを常に行っているのだ。学びをビジネスに生かし、かつ異業種の人々とクラス討論することで日々成長しているのである。

だが、仕事をさせずに社内大学に通わせれば、それは単に大学生活が延長したにすぎない。しかも「生きた学問」を学べないとなれば、やや疑問符が付く。阪大に限らず既存の大学にＡＩやＩｏＴの教師が務まるような人材がいるのかも大いに疑問である。

インターネット・オブ・エブリシング

ただし、このニュースの最大のポイントは、〝勝ち組〟であるダイキンが、ＡＩやＩｏＴの人材の育成に本気になっている、ということである。

たとえば、計測・制御機器大手の「キーエンス」という会社がある。「平均年収が高い会社」ランキング（東洋経済新報社／２０１８年２月）によれば、同社の平均年収は１８６１万円で断トツ。２０１７年３月期決算における営業利益率は53・７％を誇る。時価総額は約７兆円だ。

キーエンスの強みは「社内に製造部門を持っていない」ことだ。キーエンスはユーザーの現場における生産性改善のネックを見つけ出し、それを解消する装置を提案する。ニッチに対応しているのでその製品は「唯一無二」のものとなり、競合他社は存在しなくなる。キーエンスはその製品を納品するために、社外の技術者や会社を使って製造しているのだ。技術者とニーズのマッチングに特化していると言える。いわば、所有せずに空《あ》いているものを有効活用する「アイドルエコノミー

（Idle Economy）」の考え方を実践しているのだ（アイドルエコノミーについては130ページを参照）。

もう一つの強みは、キーエンスが「センサー」を扱っていることだ。なぜなら、センサーこそIoTの鍵を握るからである。

たとえば、工場の生産ラインでは、検査、測定、制御などが必要となる。そうした技術を支えているのは、精度の高いセンシング（音・光・圧力・温度などを測り情報を収集すること）なのだ。センサーで確実にデータを取ることでIoTは実現する。

世界最大級のIT企業「シスコシステムズ」のCEO（最高経営責任者）を20年にわたって務めたジョン・チェンバースはIoTの次に来るものとして、「IoE（Internet of Everything）」を唱えた。インターネット・オブ・エブリシング。文字通り、あらゆるものがインターネットにつながる世界だ。IoEとは、身の回りのすべてのモノにセンサーが埋め込まれ、それがインターネットにつながり、かつ相互に通信が可能になる社会のことである。

たとえば路線バスなら、こんな使い方が可能だ。

バスがあと何分でその停留所に到着するか、という情報だけでなく、座席や床の下にセンサーを設置して車内の混み具合のデータをパケット通信網で送信する。そうすれば停留所で待っている客は、バスの混雑度が分かる。次に来るバスは混んでいるが、その次に来るバスは空《す》いているからそれに乗ろう、という選択も可能になる。こうしたシステムにより、先行するバスに客が集中して乗降に手間取り、後に続くバスがガラガラのまま数珠《じゅず》つなぎに走る——といった光景を目にすることはなくなるだろう。

キーエンスはセンサーによる検査や測定だけでなく、それによって集まったデータの収集や処理まで行っている。ＩｏＴのみならず、ＩｏＥにも対応する会社と言えるだろう。キーエンスが平均年収トップの会社であり続けているのは、彼らがＩｏＴ技術で優位に立っているということにほかならないのである。

IoTで変わりゆく社会

であるならば、私たちがすべきことは「ＩｏＥ」——すべてのモノがインターネットにつながる社会になると、今の社会や自分たちの会社はどう変わるか、と考えることだろう。発想をそこに持っていくのである。

私がビジネス・ブレークスルー大学院の学生たちによく出すのは、「IoE時代にセコムはどうなるか」という問いだ。

セコムは日本で初のホームセキュリティシステムを確立した会社であり、シェアは6割を超える勝ち組企業の一つだ。このため学生たちは「IoE時代であってもセコムは勝ち続ける」と思考を止めてしまう。

果たして、そうか？

たとえば、顔認証システムはNECが世界のトップを走っている。これと最新のセンサーを組み合わせてみる。留守の際、誰かが自宅の敷地内に侵入したとする。センサーが反応し、カメラで顔を撮影する。すぐに情報はネットでデータベースに飛び、顔認証を行う。AIが前科者リストと照合し、もし前科者だったらすぐに（セコムではなく）警察に連絡が行くようにし、あらかじめ登録しておいた身内や友人の顔だったら「誰々が何時何分に訪問」というメールをスマホに送る。

こうしたシステムをIoTで構築してしまえば、セコムのようなホームセキュリティは必要なくなる。

そう一例を挙げると、学生たちは「こんな方法もできるのではないか」と次々にアイデアを出してくる。既成概念さえ取り払えば、ＩｏＴはアイデアを実現する最良のツールになるのだ。

ＩｏＴを使えば、営業の効率を格段にアップさせることも可能だ。

たとえば、営業マンがスマホの電源を入れ続けていれば、ＧＰＳ機能などを使って、どのルートをどのくらいの時間をかけてたどったのか、というトラッキングが可能だ。営業マンを追尾し、データを分析するのである。そうすれば、顧客とどのくらい商談していたのか、あるいは漫画喫茶でサボっていたのか、といったことがたちどころに分かってしまう。追尾されるのが嫌な営業マンは、スマホの電源を切ればよい。ただし、電源が入っていない時間帯は、入っている時間帯と給与で差をつける。

また、訪問先の顧客のデータもあらかじめ収集・分析しておけば、営業マンがその顧客を訪問する直前に、相手が喜びそうな最新のニュースや話題をスマホに送信することができる。顧客と自分たちの商品のマッチングをＡＩに分析させて、それを営業で売り込むこともできる。在庫管理もＩｏＴで行っていれば、その場でいくつの商品を何時までに納品する、という約束も簡単だ。ＩｏＴによって、ドブ板営業や、営業マンの〝勘〟といったものが、一掃されるかもしれない。

ＩｏＴから発想したアイデアを会社に提案すれば、それだけで一目置かれるはずである。

「ＡＩで何ができるか」と発想する

様々なモノがインターネットにつながり、パケット通信網で情報が集まってくれば、それはそのままビッグデータとなる。ビッグデータを分析するのはＡＩの仕事だ。企業がＡＩに詳しい人材を求めている理由が、そこにある。

しかし、ただ「詳しい」だけではダメだ。ＡＩが何たるかということは、１時間も勉強すれば把握できる。ＡＩの開発者になるなら別だが、私たちに必要なのは、ＩｏＴと同じく「ＡＩで何ができるか」と発想することだ。

たとえば、クレーム処理はＡＩの能力を発揮できるジャンルだろう。

お客からのクレームの電話の中身と担当したオペレーターの対応をデータ化し、ＡＩに分析させるのだ。そして「クレーム対応に優れたオペレーター」の群を選び出し、それらのオペレーターがお客とどんなやり取りをしているのか、共通項を探る。つまり「優秀なオペレーターのスキル」をマニュアル化してしまうのだ。マニュアルといっても、文書化するのではない。実際のお客とのやり取りをリアルタイムでＡＩに分析させて、事前に危険を察知してアラームで知らせたり、最適な解をモニターに表示したりすればよいのである。

ただ、客とのやり取りまでＡＩに任せ、自動音声で答えさせようとするのは行き過ぎだろう。

クレームの電話をかけてくるお客の大半は「人の声」での対応を求めており、いくら自動音声で最適な解を伝えられたとしても、必ず「人間を出せ！」と、さらなる怒りを生んでしまうはずだ。

サービス業というものは、たった一つのミスで、それまでの努力が水の泡になってしまう厳しい世界だ。通常なら１００から1をマイナスすれば99だが、サービス業界では１００マイナス１はゼロなのだ。ＡＩはデータを分析することはできるが、感情を読み取ることはできないし、文脈も理解できない。最後は人と人とのコミュニケーションがものを言うのである。

ただし、そのコミュニケーションの最適解を、効率的に導き出すことはＡＩに任せることができる。ＡＩを活用することによって、新入りのオペレーターがベテランの有能なオペレーターに成り代われるのである。

今後、ＡＩが社会に入り込み、人間の生活にとって欠かせないものになることは間違いないだろう。たとえば、災害の分析、医療、マーケティングなど、すでに多くの分野のデータ分析で、ＡＩは利用され始めている。人間がＡＩに取って代わられる仕事は多々あるはずだ。

だが、そのことを恐れるよりは、「ＡＩで何ができるか」と思考することが、私たちがＡＩ時代に有用な人間として生き残っていく道なのだ。

第5章

実践編3

稼げるビジネスはこれだ

借金しないで不動産ビジネスを始める

第2章で、老後の生活を成り立たせるための目標金額を「月15万円」に設定する、と述べたが、深刻に考える必要はない。何も「月100万円稼げ」と言っているわけではないのだ。アイデアと行動力さえあれば、起業しなくても「月15万円」という目標は十分に達成可能な数字である。

手っ取り早いのが不動産の活用だ。あなたが土地・建物を所有していて、かつ今の建物の容積率に余裕があったら、それをテナントビルやアパートに建て替えて賃貸料を稼ぐという方法がある。

ただし、建て替え時に銀行から融資を受けるなど、ローンを組んではならない。50歳を過ぎてからの多額の借金はもってのほかだ。

では、どうすればよいのか。

この場合、活用したいのがＡＢＳという手法だ。

ＡＢＳとは「アセット・バックト・セキュリティ（Asset Backed Security）」の

略で、「資産担保証券」とも呼ばれる。これは簡単に言えば、建て替えた物件の将来の賃貸収入（キャッシュフロー）を担保にしてお金を借りる、という仕組みだ。個人に対する信用ではなく、物件の信用力に対してお金を貸すのである。このスキームを用いれば、個人で借金せずに資金を調達できる。この手法は、アメリカやドイツでは一般的になっており、日本でも一部の銀行で扱っている。

たとえば、２階建ての建物を所有しているとしよう。これを5階建てに建て替え、1〜3階は賃貸にして、自分たちは4・5階に居住する。1〜3階の将来の賃貸料を抵当に入れて資金を調達するのが、ＡＢＳというスキームだ。

具体的な数字で見ていこう。

仮に建て替えに６０００万円かかり、それを20年で返済する計画を組むとする。金利を無視した単純計算で、年間３００万円、月25万円の返済が必要となる。賃貸料が仮に月40万円入ると仮定する。ＡＢＳの場合、この賃貸料はまず借り主から直接、銀行の指定口座に振り込まれる。そこから返済分の25万円が自動的に差し引かれ、残りの15万円が本人の口座に入金される。個人はリスクを負うことなく、目標の月15万円を易々と達成することができる。

もちろん、持っている土地・建物の場所にも左右されるが、不動産を所有しているなら、まずは屋根の上に空いているスペースを活用して賃貸料を稼ぐことを検討すべきである。

空き家率は13・5%

現在、不動産を所有していない人でも、諦める必要はない。

実は日本には、膨大な空き家が放置されている。

総務省統計局の「平成25年住宅・土地統計調査（確報集計）」によれば、2013年10月1日現在の総住宅数6063万戸のうち空き家は約820万戸。空き家率は13・5%で、過去最高となっている。つまり、7~8戸に1戸が空き家なのである。1973年の空き家率はわずか5・5%だったから、40年間で約2・5倍に増えたわけだ。2008年と比較しても、空き家は5年間で約63万戸も増加している。その内訳を見ると、一戸建の空き家が49万6000戸で全体の79%を占めている。

空き家は今後も増加の一途をたどるだろう。

図表2 **増え続ける「空き家」がチャンスを生む**

総住宅数・空き家数・空き家率の実績と予測

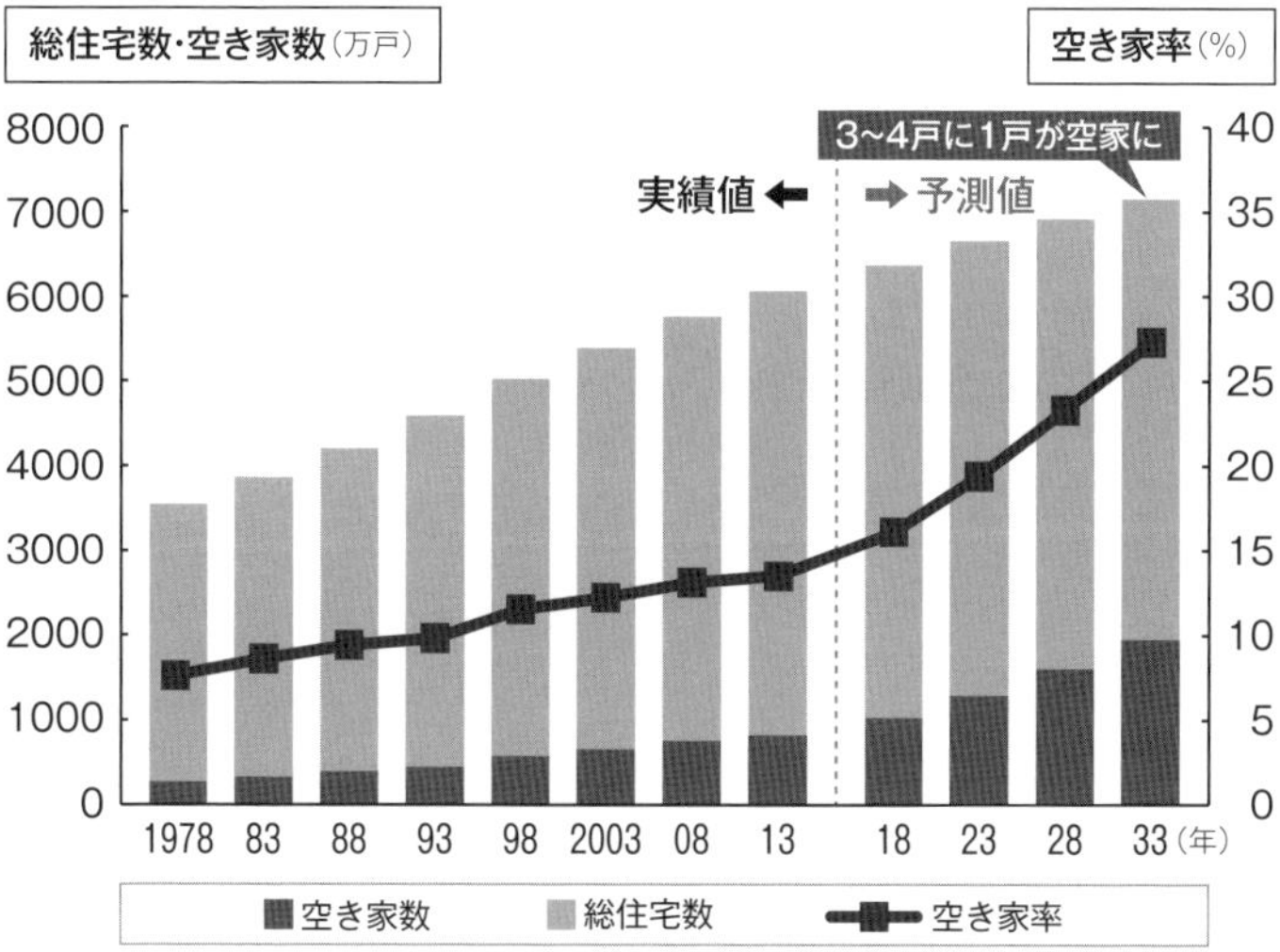

野村総合研究所「〈2018年度版〉2030年の住宅市場と課題」より

野村総合研究所が公表した「2018〜2033年の空き家数・空き家率（総住宅数に占める空き家の割合）の予測」によると、2033年には総住宅数7156万戸のうち空き家数は1955万戸に達し、空き家率は27・3％に上昇するという（前ページ**図表2**）。3〜4戸に1戸が空き家という時代が、15年後に訪れると予測しているのだ。ならば、これを使わない手はない。

拙著『発想力』でも、空いているものを有効利用する「アイドルエコノミー（Idle Economy）」の発想について説明したが、空き家の利用は、まさにアイドルエコノミーの典型例だ。

アイドルとは、崇拝する対象の「Idol」ではなく、「Idle」。すなわち「働いていない」「使われていない」「空いている」といった意味のアイドルだ。この空いているリソース（資産）をうまく活用すればよいのである。

たとえば、スマホのアプリを用いたタクシーの配車サービス会社「ウーバー（Uber）」。2009年に創業した会社だが、すでに世界70か国・地域の450都市以上で展開するほどの急成長を遂げた。ドライバーは、ウーバーに登録した一般人だ。登録ドライバーの「空いている」時間と車を使うことで、ウーバー自体は初期投資することなく、タクシー会社を成立させてしまったのである。

この例からも分かる通り、アイドルエコノミーの発想をうまく使えば、多額の投資をすることなく、新しいビジネスを興すことができるのだ。

これは「空き家」にも当てはまる。条件の良い物件を探して購入し、ＡＢＳのスキームを用いて建て替えるか、リフォームして貸し出せばよいのである。

一戸建ての住宅は、条件の良い物件でも、建てた当時では考えられないほど値崩れしている。それを借金せずに安く手に入れることができれば、損することはないだろう。

インバウンドが狙い目

とはいえ、賃貸に出したところで借り手がいないのではないか、と心配する向きもあるだろう。

国立社会保障・人口問題研究所が公表している「日本の世帯数の将来推計」（２０１８年推計）によると、世帯総数は２０１５年の５３３３万世帯から増加し、２

023年の5419万世帯でピークを迎えてから減少に転じ、2040年には5076万世帯まで減ると予測している。

2015~2040年の間に世帯主が65歳以上の世帯は1918万世帯から2242万世帯に、75歳以上の世帯は888万世帯から1217万世帯に増加する、とも予測している。世帯数減少が確実な日本において、借り手の減少は必至である。

だが、心配には及ばない。これはあくまでも日本国内で見た時の話である。

注目すべきはインバウンド（訪日外国人旅行）だ。

2017年の訪日外客数（外国人観光客数）は、前年比19・3％増の2869万人で、日本政府観光局（JNTO）が統計を取り始めた1964年以降、過去最多となった（**図表3**）。10年前の2007年は約835万人だったから、10年で2000万人増えて約3倍になったわけである。2018年はさらに増え、昨年12月18日に初めて3000万人を突破した。

政府は東京オリンピック・パラリンピックが開催される2020年の目標として、訪日外国人観光客数4000万人を目標に掲げている。伸び率がこのまま維持されるなら、決して不可能な数字ではない。

図表3　10年で3倍超になった外国人観光客

国籍別訪日外客数の推移

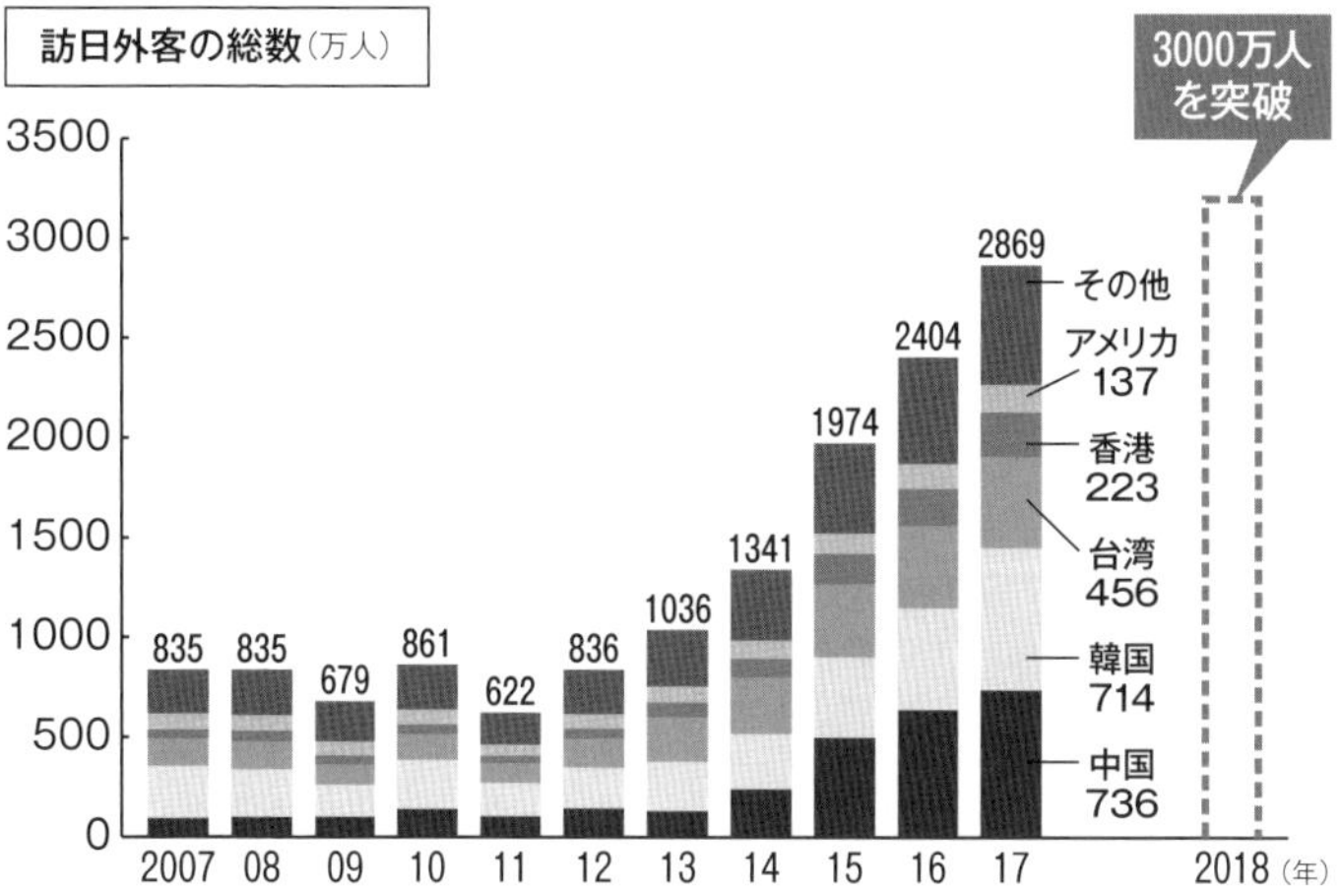

日本政府観光局（JNTO）より

ここで問題になってくるのが、「宿泊施設の数」だ。

実は、日本全体の宿泊施設のキャパシティは、外国人観光客が1900万人を突破した2015年の段階で、すでに満杯状態になっている。いくら新しいホテルを建設したところで、到底、追いつかない。

しかも、新しいホテルは大半が都市部に建設される。だが、外国人観光客が訪れるのは、すでに有名観光スポットだけではなくなっている。

「外国人に人気の観光スポットランキング2017」(トリップアドバイザー)でも、意外な場所がランクインしている。

1位　伏見稲荷大社(京都府京都市)
2位　アキバフクロウ(東京都千代田区)
3位　広島平和記念資料館(原爆ドーム、広島平和記念公園)(広島県広島市)
4位　厳島《いつくしま》神社(広島県廿日市市／宮島)
5位　東大寺(奈良県奈良市)
6位　清水寺(京都府京都市)

7位　新宿御苑（東京都新宿区）
8位　金閣寺（京都府京都市）
9位　箱根彫刻の森美術館（神奈川県箱根町）
10位　高野山 奥之院（和歌山県高野町）
11位　奈良公園（奈良県奈良市）
12位　禅林寺 永観堂（京都府京都市）
13位　姫路城（兵庫県姫路市）
14位　兼六園（石川県金沢市）
15位　サムライ剣舞シアター（京都府京都市）
16位　長谷寺《はせでら》（神奈川県鎌倉市）
17位　大本山 大聖院《だいしょういん》（広島県廿日市市／宮島）
18位　沖縄美《ちゅ》ら海《うみ》水族館（沖縄県本部町）
19位　松本城（長野県松本市）
20位　東京都江戸東京博物館（東京都墨田区）
21位　明治神宮（東京都渋谷区）

22位　マジックバー フレンチドロップ（大阪府大阪市）
23位　RORコメディー（大阪府大阪市）
24位　弥山《みせん》（広島県廿日市市／宮島）
25位　両国国技館（東京都墨田区）
26位　成田山 新勝寺（千葉県成田市）
27位　なばなの里（三重県桑名市）
28位　河口湖（山梨県富士河口湖町）
29位　京都駅ビル（京都府京都市）
30位　三十三間堂（京都府京都市）

2位の「アキバフクロウ」は秋葉原にあるフクロウに触れて遊べるカフェである。23位の「RORコメディー」は、英語のコメディショーが楽しめるスポットで、外国人向けの戦略が功を奏していると言える。27位「なばなの里」は「ナガシマリゾート」の植物園で、イルミネーションの美しさが人気を集めているという。

ランキング30位以内でも、こうした意外なスポットが人気を集めるのだから、他にも日本人が想定できないような場所に外国人が訪れているのは、少し考えれば想像がつくはずだ。たとえば、中国人観光客の多くは、日本在住の中国人留学生が「バイドゥ（Ｂａｉｄｕ＝百度）」などの中国語検索サイトや旅行サイトで発信している詳細な情報を収集し、有名観光地の〝確認旅行〟から、日本中の〝発見旅行〟にシフトしている。インバウンドは〝モノ消費〟から〝コト消費〟へと向かっているわけだ（トリップアドバイザーは２０１８年、日本で人気の体験型観光に特化したランキングを別途発表した）。

私が目撃した例では、四国の吉野川上流「大歩危《おおぼけ》・小歩危《こぼけ》」の川下り（ラフティング）や、北海道・美瑛《びえい》の「青い池」といった渋い観光地が、実際に多くの外国人観光客を集めている。だが、残念なことに、これらの地域には宿泊施設がほとんどない。

一方、30位中七つを占めた京都のような人気観光地は、そもそも宿泊施設が圧倒的に不足している。

京都だけでなく、東京、大阪などの主要都市は、軒並みホテルの客室稼働率が80〜90％に達し、予約が極めて取りづらくなっている。料金の上昇も甚《はなは》だしい。

では、どうすればよいのか。

それを補うのが、民泊ビジネスである。東京、大阪、京都でホテルがないとなれば、電車で1時間かかるロケーションでも民泊の需要はある。

インバウンドが活発で、かつ宿泊施設が不足しているロケーションで安い空き家を見つけてきて、水回りなどをリフォームする。あるいは二束三文の空き地に小さなプレハブ住宅を建て、「エアビーアンドビー（Ａｉｒｂｎｂ）」をはじめとする民泊サイトに登録して、外国人観光客に泊まってもらうのだ。そうすれば数百万円投資しても十分ペイできると思う。

空き家を活用したアイドルエコノミーを提案した理由を、理解していただけただろうか。不動産は、インバウンドが増え続けている今だからこそ、大いに活用できるのだ。実際、情報通信総合研究所の試算によれば、２０１６年の民泊の取引金額は６７８３億円に達しており、２０２０年代の潜在市場規模は2倍の1兆３１２１億円になるという。

エアビーアンドビーの成功に学ぶ

民泊ビジネスの代表格は、前述した「エアビーアンドビー」だろう。２００８年に創業されたこの会社は、世界１９１か国以上で約５００万室の宿泊施設を仲介している。

この会社は、ひょんなきっかけから誕生している。

サンフランシスコで借りていた部屋の家賃が払えなくなった若者２人（共同創業者のブライアン・チェスキー氏とジョー・ゲビア氏）が、苦肉の策として、自分たちが借りていた部屋のリビングにエアマットレスを置いて自家製の朝食を提供するようになったのが始まりだ。空いているスペースを有効活用することで、家賃を捻出しようとしたのである。ゆえに、創業時の社名は「エアベッド・アンド・ブレックファスト（Airbed and breakfast）」だった。現在の社名は、この省略形である。

アメリカでは、自宅に空き部屋があった場合、学生や身元の確かな長期滞在者に貸すのが当たり前だ。エアビーアンドビーはそこに目をつけ、Ｗｅｂサイトの宿泊施設仲介ビジネスで成功したのである。

日本でもかつては、空き部屋を大学生などに貸す「下宿」がたくさんあった。私の横浜の実家でも、余っていた部屋に、近くの神奈川大学の学生を下宿させていた。実家の近所にも同様の下宿が多数あり、学生たちも下宿が当たり前だった。

まだ日本では民泊に対して抵抗感があるかもしれないが、かつての下宿を復活させるだけだと思えば、心理的負担はそう大きくないはずだ。

実際、私の友人は、東京都内に所有している2LDKのマンションの部屋を民泊仲介サイトに登録し、二つの寝室に2台ずつ、合計4台のシングルベッドを置いて1泊4万円で貸し出している。リビングルームのソファーも含めると最大5人泊まることができて自炊も可能だから、5人で利用すれば1人8000円で1泊できる。したがって、外国人旅行者の家族連れや友人グループの利用が多く、月100万円以上の売り上げを確保できているという。

また、予約対応、鍵の受け渡し、掃除、リネン類の交換などの面倒なことはすべて運用業者に委託しているので、それらにわずらわされることもない。委託料は月額30万円だが、月100万円以上の売り上げがあるから、70万円もの収入になる。

かつてこの2LDKを賃貸に出していた時の賃料は月25万円だったので、3倍近い儲けを得ていることになる。

子供が独立したなどの理由で空いた部屋を、民泊として貸し出す場合は、自分たちでシーツの交換や部屋の掃除をすればよいだけなので、ランニングコストはほとんどかからない。自宅の空き部屋を利用するなら、明日からでも始められる。しかも初期投資がほとんどかからないので、もしうまくいかなかったとしても、すぐにやめればよいだけの話である。

すでに「空き家」に目をつけた民泊ビジネスには、大手が参入し始めている。民泊仲介会社の「ホームアウェイ」と「楽天ライフルステイ」、「全国古民家再生協会」は三者が協力し、地方の空いている古民家を有効活用した民泊ビジネスを展開していくことを発表している。下着メーカーの「ワコール」も、本社のある京都市内の古民家に着目した民泊ビジネスを展開するという。

悪法「民泊新法」を逆手に取る

ところが安倍政権は、2018年6月、民泊ビジネスに冷や水を浴びせるような法律を施行した。民泊の年間の営業日数を上限180日に制限するという「民泊新法（住宅宿泊事業法）」だ。自治体などへの様々な届け出も煩雑になり、気軽に民泊を手がけられないようになった。届け出が低調だと聞くが、当然だ。

「エアビーアンドビー」以外に、日本ではベンチャー企業「百戦錬磨」の「STAY JAPAN」、中国では「途家（Tujia）」「自在客（Zizaike）」「住百家（Zhubaijia）」「一家民宿（Onehome）」といった民泊仲介サイトが次々と誕生しているというのに、日本政府はその流れに乗ろうとしない。営業日数の上限を180日に制限するのは、ホテル・旅館業界が民泊に反対しているからだが、前述したように、すでに訪日外国人観光客数は日本のホテルのキャパシティを超えているのだ。政府は、インバウンドをさらに呼び込むためには民泊を活用するしか手立てがない、ということが分かっていないのだろうか。

しかも、旅館などに低利の融資をして、客室数を増やす援助をするという。既得権益集団にすり寄った経済音痴の施策には、開いた口がふさがらない。

本来、民泊ビジネスに関して政府が取るべき施策は、安心・安全面に関するルール作りだけである。そのルールを厳格に適用して安心・安全が担保できれば、民泊ビジネスはまだまだ拡大する。訪日外国人観光客数4000万人を目標に掲げるのであれば、なおさらそうすべきだろう。

だが、悪法とはいえ「民泊新法」が施行されてしまった以上、それに対応しなければならない。

そこで一つのヒントになるのは、大手住宅メーカー「大和ハウス工業」の新事業だろう。

同社は2020年までに、インバウンドを対象にしたホテル仕様の賃貸マンションを全国で3000戸整備するという。これは欧米では「アパートホテル」と呼ばれる形態だ。1室40～60㎡で、間取りは2～3部屋。いわゆる平均的なマンションルームである。だが、賃貸マンションとして運営し、空き部屋を民泊で展開しようとすると、営業日数の上限180日が壁になる。そこで旅館業法に基づく「簡易宿所営業」の申請を自治体に出し、旅館業の許可を取ってしまおうというのだ。これなら180日ルールはなくなり、365日の稼働が可能になる。

もちろん、建物自体はマンションだ。施主はマンションの1室に住み、残りの部屋をホテルとして運用することも可能だ。大和ハウスは、法律の抜け穴をうまく見つけたと言える。

このやり方を、個人も真似ればよいのだ。

何人か共同パートナーを募って、アパートを1棟丸ごと購入する。そしてそれを「○○ホテル」と名付けて「簡易宿所営業」の許可を取得するのだ。

内装のリフォームなどが面倒だと思うかもしれないが、今は民泊専門のインテリア会社がたくさんある。そういうところが民泊に使い勝手のよいソファーベッドや簡易ベッドなどの家具をそろえてくれるのだ。

成功例の一つが、2006年創業の「ファーストキャビン」だ。

同社は「カプセルホテルでもなく、ビジネスホテルでもない、新しいスタイルのホテル」と謳っているが、カテゴリーとしてはカプセルホテルだろう。注目すべきはそのやり方で、新しくホテルを建てるのではなく、既存の建物――つまり「空き家」を利用している点だ。古いビルを最小限の投資でリノベーションし、お洒落な外観と内装にすることで多くの客を集めているのだ。

２０１８年の夏には、大和ハウス工業と組んで、北陸新幹線の開通で外国人観光客が増加している石川県金沢市に「ファーストキャビン金沢百万石通」をオープンした。これまた、金融機関として利用されていた築31年のビルを転用したものである。つまり、ファーストキャビンはアイドルエコノミーの発想で「空き家ビジネス」を展開しているのだ。

インバウンドの目線で日本を視る

インバウンドの目線で日本の各地を回ると、まだまだ外国人に訴求できそうなスポットは多い。

たとえば、草津のスキー場などは今や外国人だらけだ。日本人からしてみれば、草津は〝終わった観光地〟かもしれないが、外国人にとってはそうではない。温泉があり、温泉街の情緒があり、近くには火山もある。一度、中国人の友人を草津に連れて行ったことがあるが、山肌の割れ目から温泉の蒸気が噴出する光景を見て非常に喜んでいた。私からすれば、硫黄の嫌な臭いがするだけなのだが、彼らにとっては違うらしい。２０１８年1月には、不幸にもここのスキー場のゲレンデで突然火山の爆発があったが、あの時、最も冷静沈着にビデオなどを撮っていたのは台湾からのスキー客だった。

もう一つ、中国人の友人と一緒にいて驚いたのは、「山」や「木」に対する思い入れだ。

中国にも山はある。だが、中国の田舎は、彼らに言わせると「ゴミだらけで汚い」。だから、そこでホッとすることはできない。しかも、どんどん木を伐採して燃やしたり開発したりしてしまうから、田舎なのに木も減っている。一方、日本は山があり、緑があり、木々が生い茂っている。しかも道路は整備されていて、ゴミもほとんど落ちていない。日本人から見れば何もないような田舎が、中国人にとっては郷愁を誘う場所となるのだ。

私は過日、東北地方をオートバイで２７５０キロ巡ってきた。

修験者《しゅげんじゃ》の山岳信仰の山として知られる「月山《がっさん》」（山形県）、それに連なる「羽黒山」（同）。出羽富士と称される「鳥海山」から鳥海ブルーライン（山形県、秋田県）、角館《かくのだて》の武家屋敷（秋田県）、田沢湖（同）、そして雪解け時期には「雪の回廊」が楽しめる八幡平《はちまんたい》アスピーテライン（秋田県、岩手県）。津軽富士と呼ばれている「岩木山」（青森県）を目にした時は、その美しさに体が震えた。

太宰治は小説『津軽』で、岩木山をこう形容している。

…津軽富士と呼ばれてゐる一千六百二十五メートルの岩木山が、満目の水田の尽きるところに、ふはりと浮んでゐる。実際、軽く浮んでゐる感じなのである。したたるほど真蒼《まっさお》で、富士山よりもつと女らしく、十二単衣《じゅうにひとえ》の裾を、銀杏《いちょう》の葉をさかさに立てたやうにぱらりとひらいて左右の均斉も正しく、静かに青空に浮んでゐる。決して高い山ではないが、けれども、なかなか、透きとほるくらゐに嬋娟《せんけん》たる美女ではある。

岩木山はまさに「嬋娟たる美女」だった。

さらに津軽半島の竜泊《たつどまり》ラインを走って津軽海峡を臨む竜飛《たっぴ》岬へ。最終的にはマグロで有名な大間《おおま》や、イカで有名な八戸《はちのへ》を回って帰ってきた。

山々の間を抜ける道路は整備され、目に飛び込んでくる景色は驚くほど美しい。もちろん食事もうまい。インバウンドでは、東北よりも北海道のほうが注目を集めているが、東北の潜在能力は、はるかに高いと感じた。自治体や観光協会の宣伝力とちょっとしたきっかけがあれば、東北各地は今後、インバウンドの主たる目的地になり得るのではないか。だとすれば、東北地方に点在している「空き家」が価値を持ち始めると思う。

このように自分の視点・視線を変えさえすれば、不動産ビジネスで「月15万円」稼ぐことは決して難しいことではないのである。

外国人観光客相手のガイドビジネス

不動産でなくても、インバウンドは新規ビジネスの宝庫となる。

たとえば、これまでは外国人観光客をガイドする場合、観光庁長官が実施する国家試験「通訳案内士試験」に合格し、「通訳案内士」（現在の名称は「全国通訳案内士」）の資格を有している必要があった。ところが、急増するインバウンドに対処できなくなり、政府は慌てて法律を改正して２０１８年1月に「改正通訳案内士法」を施行した。これによって、資格を持っていなくても、有償で通訳案内業務を行えるようになった。

語学に堪能な人なら、それを生かさない手はない。しかも、訪日外国人観光客は今までの通り一辺の観光に飽き、ディープな情報を求めている。まだ手つかずの東北などを案内すれば、きっと喜ばれるだろう。

集客にインターネットを使えば、宣伝費もさほどかからない。良いプランとパッケージ、サービスを提供すれば、今の時代はお客が勝手に口コミで広めてくれる。実際、これをやる場合は留学生をパートナーにして「バイドゥ」などで告知してもらえば、すぐにかなりの規模で広まっていくだろう。すでに中国人留学生がコンビニのアルバイトから消えつつあるが、彼らはインバウンドを商売にしたほうが儲かることを学習したからだと思われる。

外国人観光客がガイドに求めているのは、「経験」と「知識」なのだ。自分がこれまで積み重ねてきた経験が、彼らにとっては有意義な情報となる。また、外国人観光客相手にガイドをすることで、自分自身も新たな刺激を得ることができる。見聞も広がる。それでお金も稼げるのだから、いいことずくめだと思う。

観光ガイドというのは、あくまでも一例で、「インバウンドでお金を稼ぐとしたら……」と少し頭をひねってみたにすぎない。おそらく、もっと様々なビジネスを発想することが可能なはずだ。

ところが、大手旅行会社は、インバウンドが急増しているにもかかわらず、軒並み苦戦している。たとえば、最大手のＪＴＢは２０１７年3月期の連結決算で純利益が前期比58％減（52億円）となって業界に衝撃を与えたが、２０１８年3月期の連結決算でも純利益が前期比80％減（10億円）という2期連続の大幅減となった。日本旅行も２０１７年通期決算の営業利益が60・７％減、経常利益が38％減だった。

なぜ旅行代理店は苦戦しているのか。

彼らは長年、日本人の海外旅行（アウトバウンド）と国内旅行をメインにしてきたため、外国人の訪日旅行（インバウンド）を取り込めていないのだ。インバウンド客をつかまえるためには、それぞれの国でマーケティングを行い、それぞれの国の訪日旅行ニーズに対応した商品を作り、それぞれの国の言語で広告・宣伝、販売活動を展開しなければならない。さらに、来日したお客さんを送迎・案内するランドオペレーション（ランオペ）業務を行う必要がある。だが、組織が大きすぎるのか、あるいは硬直化しているのか、日本の大手旅行会社はターゲットを細かく絞った「おもてなし」ができていない。

逆に言えば、インドネシア人向け、フィリピン人向け……と対象を絞ったきめ細かい対応ができれば、中小企業や個人でも大手に負けず、十分に客を確保することができるはずだ。そこに着目した「フリープラス」（須田健太郎代表）は、すでに東南アジアからのインバウンドに対するランオペ業務でトップに立っている。

成長する葬祭ビジネス

インバウンドだけではない。

私がこれからの成長産業だと考えているのは「葬祭ビジネス」だ。超高齢化社会になる日本で大きな需要が見込めるのは「終活」だからである。

たとえば、数年前に定価3万5000円の「お坊さん便」がアマゾンに登場して話題となった。すぐさま伝統仏教の連合組織・全日本仏教会が「お布施はサービスの対価ではない」と定額表示に反対し、販売停止を求めるなどの騒ぎとなったが、２０１７年８月末時点で「お坊さん便」への累計問い合わせ件数は、サービス開始当初から18・6倍にもなったという。アマゾン出品時点で３５０人程度だった「お坊さん便」の提携僧侶の数は、すでに１１００人を超えている。客も僧侶も、こうしたサービスを必要としていた、ということだろう。

　サービスを提供しているのは、２００９年創業のＩＴベンチャー企業「よりそう」だ。定額で僧侶を手配するＷｅｂサービス「お坊さん便」は、２０１３年５月からスタートしている。２０１８年２月には、民泊仲介サイト「エアビーアンドビー」との提携を発表。全国の僧侶・お寺を募集する特設ページを公開し、今後は国内各地の寺院を活用した宿坊や座禅・写経などの体験コンテンツを提案していくという。これも、使われていない「お寺」に目をつけたアイドルエコノミーの発想と言えるだろう。

　私が塾長を務める「アタッカーズ・ビジネススクール」でも、「これからの日本の成長産業は葬祭ビジネスだ」と口を酸っぱくして言い続けているが、実際、卒塾生の中に葬祭ビジネスで成功を収めている人がいる。「鎌倉新書」の清水祐孝《しみずひろたか》会長だ。

清水氏は、証券会社を経て父親の経営する鎌倉新書に入社した。当時の鎌倉新書は、主に仏教書を扱うマイナーな小出版社だった。専門家相手の商売だった同社を、彼は葬儀や墓石、宗教用具などの業界へ向けた出版社に転換した。さらに、出版業を「情報加工業」と自分なりに定義付け、セミナーやコンサルティング、インターネットサービスへと事業を拡大していった。日本初の終活サイトを作り、現在は「終活ビジネス情報局」「いい葬儀」「いいお墓」「いい仏壇」「遺産相続なび」「看取り.com」「お葬式消費者相談.com」など終活関連の様々なポータルサイトを運営している。会社は成長を続けて2015年に東証マザーズ上場を果たし、2017年には東証一部に昇格した。

清水氏は、私が監修するスカパーのビジネス専門チャンネル「ビジネス・ブレークスルーch」で週1回放送している「大前研一ライブ」をスマホにダウンロードし、毎週視聴してくれているらしいが、それが彼の発想の一助となっているとすれば嬉しい限りだ。

４兆円市場の可能性

　葬祭ビジネスの市場規模は約2兆円と言われている。矢野経済研究所の「2017年版 フューネラルビジネスの実態と将来展望」によれば、2016年の国内の葬祭ビジネス市場規模は前年比100・7％の1兆7944億5300万円だが、私の試算では4兆円あってもおかしくない。

「お坊さん便」に対して仏教界が噛みついたように、葬祭ビジネスには旧態依然とした慣習が数多く残っている。逆に言えば、そうした慣習を合理的に分かりやすくすれば、それがビジネスになるわけだ。

　たとえば、自分史。その人の人生——持っている写真や記録、記憶を一つにまとめるビジネスで、私は10年以上前から提案している。日本経済新聞の「私の履歴書」は、私に言わせれば、経営者たちが捏造した嘘八百の自分史だと思うが、あれを個人レベルに落とし込んであげるのだ。学生バイトなどをうまく使って、高齢者の人生をデジタル化するのである。

その際、通夜や告別式に誰を呼びたいのかといったことも聞き出してリスト化する。さらに四十九日、一周忌、三回忌などの法事の案内名簿もリスト化し、案内状の送付をはじめ一切合切を請け負う。それらをひっくるめてパッケージ化すれば、けっこうな料金を取れるはずだ。

また、葬儀に出る側に対してもサービスを充実させればよい。たとえば、Ｗｅｂ上に特定の人しかアクセスできない「葬儀会場」を立ち上げる。そこでは、香典をクレジットカードで納めることができる。施主は訪れてくれたことが分かるので、誰が手を合わせてくれたか、簡単に把握できる。香典返しも自動的にリストが作成され、手配も簡単にできる——という仕組みを作るのだ。

墓参代行サービス業も、全国各地に登場している。これらをネットと連動させてお参りした様子を施主と共有できるようになれば、もっと広まるはずだ。つまり、墓参をビデオで見れるようにし、献花や焼香、掃除なども代行サービスを使う。これら終活を始めた時（自分史の編纂）から七回忌くらいまでの法事の費用まで推計すると、４兆円に達するのだ。

お墓ビジネスも、まだまだ参入の余地があるだろう。

東京都心の人気の墓地は倍率20倍にもなるそうだが、代わりにマンション型墓地が誕生している。とくに増えているのは「自動搬送式の納骨堂」で、お参りだけでなく、建物内で葬儀や法要ができるようにしている。ただし、そうした納骨堂に眠るのは嫌だ、と思う人も多いだろう。遺族のほうにも、風光明媚な場所に眠ってもらいたい、というニーズはあるはずだ。

となれば、東京から日帰りで行ける場所――たとえば上越新幹線の浦佐《うらさ》駅（新潟県）なら約1時間半。1日平均の乗車人員706人（2017年度）という駅だ。あるいは北陸新幹線の安中榛名《あんなかはるな》駅なら約1時間。ここも乗車人員が少なく、1日平均わずか292人（同）。利用者が少ないということは、土地も余っているということだ。

そうしたところに大規模な霊園を整備する。遺族は年1回、家族の慰労を兼ねて墓参に行く。温泉に入り、おいしい食事をして、故人をしのぶ。そういう「墓参パッケージツアー」を作ってもよいだろう。

墓地の場合、自治体の許可が必要なのでおいそれと造ることはできないが、自治体側としても地方創生の観点から考えれば大規模霊園はあり、になるはずだ。

また、房総半島や三浦半島など、東京都心から車で2時間圏内に、まだ余裕がある霊園はたくさんある。空いている墓地と、墓地を欲している人のマッチングというビジネスも考えられるはずだ。

40代、50代のほうが新たな発想ができる

アメリカに目を移すと、環境への配慮もあって、「水葬」がトレンドになりつつある。水葬といっても、海や川への散骨ではない。別名「アルカリ加水分解葬」。高圧力のアルカリ加水分解を用いて3時間加熱すると、最終的に骨だけ残り、それ以外は茶色の液体に変化するという。微生物が担っていた作業を科学的に行い、短期間で遺体を腐敗させてしまうのである。茶色の液体は極端な話、下水に流すこともできる。遺骨を砕いて遺灰にし、骨壺に納めて遺族に引き渡す。最後のプロセスは火葬と何ら変わりない。

火葬に比べてエネルギーの消費量が少なく、排出される二酸化炭素の量は90％削

減できるという。こうしたことも相まって、アメリカでは急速に広まりつつある。

日本では火葬場を新たに建設しようとすると、たいがい地元住民の反対にあう。だが「アルカリ加水分解葬」ならば、火葬場のような大規模な施設は必要ない。煙も出ない。増えつつあるペット葬儀のことも考えれば、日本でも「アルカリ加水分解葬」が広まっていくことは想像に難くない。環境問題への関心が高い層にも受け入れられるだろう。

葬祭ビジネスのアイデアを思いつくままに書き並べてみたが、少し考えただけで、これだけの発想が出てくるのだ。しかも「終活」をめぐる問題は、20代・30代のビジネスマンよりも、親を看取る年齢になる40代・50代、自分の老い先が気になり始める60代・70代のほうが、「死」に対して身近である分、より親和性が高いはずだ。20代・30代にはない新しい発想が、むしろ生まれてくるのではないか。

こうした葬祭ビジネスを計算していくと、先述したように市場規模は4兆円となる。「訪日外国人消費動向調査」（観光庁）によると、２０１７年累計の訪日外国人による旅行消費総額（確報）は４兆４１６２億円だ。つまり、葬祭ビジネスはインバウンドと同等の市場規模を持つということだ。葬祭ビジネスの新しい事業チャンスは、そこら中に転がっているのである。

食ビジネスで地方創生

ユネスコの「世界遺産」は相変わらずの人気だが、同じユネスコが2004年から始めたプロジェクトが、「ユネスコ創造都市ネットワーク」である。

これは、文学・映画・音楽・工芸・デザイン・メディアアート・食文化の創造産業7分野から、世界で特色ある都市をユネスコが認定するもので、衰退しつつある都市を創造産業で再生するという趣旨だ。

たとえば、文学分野ではエディンバラ（イギリス）やプラハ（チェコ）、映画分野ではシドニー（オーストラリア）や釜山市（韓国）が認定されている。日本からも、映画分野で山形市、音楽分野で浜松市（静岡県）、工芸分野で金沢市（石川県）と篠山市（兵庫県）、デザイン分野で神戸市（兵庫県）と名古屋市（愛知県）、メディアアート分野で札幌市（北海道）、食文化分野で鶴岡市（山形県）が認定されている。

シニア世代のビジネスという観点で考えれば、ビジネスチャンスがあるのは「食文化」だろう。

私は鶴岡市を訪れたことがあるが、有数の米どころである庄内平野に位置し、山海の珍味が豊富だ。砂丘メロンの鶴姫レッドや庄内柿、だだちゃ豆、民田《みんでん》なすなどの農産物はもとより、日本海でとれた寒鱈《かんだら》や桜鱒《さくらます》、岩ガキなど海産物もおいしい。空港の愛称も、「おいしい庄内空港」にしてしまった。ところが残念なことに、まだ料理人が育っていない。素材は豊富だが、誰もが訪れたくなる「これぞ鶴岡」という食文化を生み出すには至っていない。

スペイン・カタルーニャ地方の地中海に面したジローナという町に、年間200万件の予約が殺到し、「世界一予約が取れない」と言われた「エル・ブジ」というミシュラン三つ星レストランがあった。フェラン・アドリアという天才料理人が始めたレストランで、瞬く間に世界中の食通を虜《とりこ》にしてしまった。そういう天才料理人が1人でも出現すると、全体的にその町の食文化を押し上げる。

同じスペイン・バスク地方のサン・セバスティアンもそうだ。人口20万人に満たない都市だが、世界中から観光客が押し寄せてきている。新バスク料理の巨匠ファアン・マリ・アルサックがオーナーシェフを務める「アルサック」、食科学の名誉博士号を持つマルティン・ベラサテギの「マルティン・ベラサテギ」、「エル・ブジ」で修業したアンドニ・ルイス・アドゥリスがオーナーシェフの「ムガリッツ」、眺望絶景の「アケラーレ」など、星付きレストランがいくつもあるのだ。

有名レストランの周辺には、「バル」と呼ばれる飲食店が100軒以上あり、そこではスペイン流サンドイッチの「ピンチョス」や、小皿料理「タパス」を楽しむことができる。客は各店の名物タパスやピンチョスを求め、ワインを飲みながらバルをはしごする。バル巡りツアーが組まれるほどで、今ではサン・セバスティアンは「美食の聖地」とさえ呼ばれている。名物シェフや名物レストランによって世界中から観光客が押し寄せ、町が活性化している好例だ。

しかし、以前はそんな町ではなかった。将来に対する危機感を持った若手が立ち上がり、数年かけて町を「美食の聖地」へとブランディングしていったのである。

「美食の町」の作り方

翻《ひるがえ》って鶴岡市はどうか。

「おいしい庄内空港」と愛称を付けたはいいが、「実」が伴っていない。彼らが地方創生でやっていることは、大学の誘致やハコもの建設など従来の発想の域を出ていないのである。

たとえば「鶴岡サイエンスパーク」を整備し、慶應義塾大学先端生命科学研究所などを誘致した。たしかにここからは、世界で初めて合成クモ糸繊維を量産した「スパイバー」などのベンチャー企業も生まれた。だが、それでいったいどれほどのお金が地元に還元されるのだろうか。初期投資に見合っていると言い切れるだろうか。

しかも、鶴岡市は「鶴岡サイエンスパーク」をさらに拡充すべく、2階建てのホテル棟やレストラン、フィットネス施設、天然温泉の大浴場などを備える複合施設を40億円で造った。全天候型の児童施設などの建設も含め、第2期全体の総事業費は約100億円。結局、施政者が満足するだけのハコもの行政に成り下がってしまっている。せっかくの山海の珍味が、宝の持ち腐れになっているのだ。

私なら、この100分の1の費用、1億円で鶴岡市を有数の観光地にしてみせる。方法は簡単だ。

名うての料理人を10人、雇うのである。優秀な料理人を雇うには、月に最低80万円支払わねばならない。年収にすれば約1000万円。1000万円×10人＝1億円という計算だ。

1人の料理人に1000万円、という数字を出すと多くの人は驚くが、たった1000万円ではないか。

「エル・ブジ」やサン・セバスティアンの成功からも明らかなように、おいしい料理や腕の立つ料理人には、人を吸引する力がある。優秀な料理人の存在が従来の食文化にも刺激を与え、相乗効果で鶴岡市の食のレベルが上がり、観光地としての人気も高まっていくはずだ。

「鶴岡サイエンスパーク」に何百億円もかけるくらいなら、料理人招聘に1億円だ。鶴岡市は、お金の使い方を根本的に間違っているのである。

茨城を人気県にする秘策

そういう残念な町が日本には多い。

たとえば、おいしいお米といえば、多くの日本人が「南魚沼産コシヒカリ」を真っ先に挙げるだろう。ところが、肝心の産地・南魚沼市をどんなにネットで検索しても、おいしい料理屋が出てこない。実際、現地に足を運んで探したこともあるが、蕎麦屋やファミレスばかりで肝心の和食料理店が見つからない。

南魚沼産コシヒカリをメインに、地元産の食材を使った気の利いたおかずが1、2品用意されれば、それだけで「行って食べてみよう」と思わせるはずだ。しかし、そうした店がない。仮にあったとしても、全く宣伝されていない。

地元・南魚沼市に人を呼び込もうという発想が、そもそもないのである。

同様に残念な自治体が、茨城県である。

茨城は、全国3万人の消費者が各地域のブランド力を評価する「47都道府県魅力度ランキング」（ブランド総合研究所）で、２０１３年から6年連続で全国最下位という不名誉な記録を打ち立ててしまった。ＮＨＫの連続テレビ小説『ひよっこ』（２０１７年度上半期放送）では、主人公（有村架純）の出身地として舞台になったにもかかわらず、だ。ドラマを追い風にすべく、ロケ地になった県北部の６市町が「茨城県北『ひよっこ』推進協議会」を設立するなど攻勢を仕掛けたが、結果には結び付かなかった。

だが実は、茨城は食材に恵まれた県なのだ。

生産量だけ見ても、日本一なのが、れんこん、はくさい、レタス、ちんげんさい、みずな、ピーマン、メロン、くり、鶏卵、まいわし、さば類、えび類、こい……と枚挙に暇がない（茨城県ホームページより／２０１８年12月12日現在）。他にも、日本なし（2位）、ブルーベリー（３位）、スイカ（6位）、イチゴ（7位）……と果物も豊富（果物情報サイト「果物ナビ　www.kudamononavi.com」より）。ごぼう、かんぴょう、きくらげ、せり、小松菜、シソ、さつまいも（いずれも2位）、とうもろこし、みつば、かぼちゃ、にら、トマト（いずれも3位）……と野菜も盛りだくさんだ（野菜情報サイト「野菜ナビ　www.yasainavi.com」より）。

茨城は県土の大半を平地が占めるため、古くから農業県として栄えてきた。農業産出額では、北海道に次いで2位である（農林水産省「平成28年　農業産出額及び生産農業所得」）。また、黒潮と親潮の合流地域に漁場を持つため漁業も盛んで、漁獲量は全国3位だ（農林水産省「平成29年　海面漁業生産統計調査」）。

これだけ日本トップクラスの素晴らしい素材がそろっているにもかかわらず、茨城は「魅力度ランキング」で6年連続最下位なのである。鶴岡や南魚沼と同じように、食材とおいしい食事のマッチングに失敗しているのだ。彼らは、東京に食材を出荷するだけで満足してしまっている。

たとえば、タイのバンコクに「ガガン」というレストランがある。「アジアのベストレストラン50」で4年連続トップを取り、現在「アジアナンバーワン」と謳われるインド料理の店だ。

ここのシェフは、ガガン・アナンドというインド出身の料理人で、あのフェラン・アドリアの「エル・ブジ」で修業した経歴を持ち、インド料理ならではの多彩なスパイスを隠し味に斬新な料理を提供し続けている。この店にやってくるのは、地元バンコクの住民だけでなく、欧米をはじめとする様々な国の人たちだ。ボーダレス時代の今、有名なシェフの店には世界中から食通が押し寄せるのだ。

では、茨城と聞いて名前の挙がる有名シェフがいるだろうか。私は寡聞にして知らない。少なくとも、シェフの名前で遠方から客を集めているレストランはないと思う。

だったら、それを作ってしまえばよい。茨城に、サン・セバスティアンを誕生させるのだ。全県では広すぎるので一都市（たとえば大洗町、または水戸市）に絞り込み、そこにミシュラン星付きクラスのレストランを複数誕生させる。そしてそのレストランを中核に、おいしいつまみと酒を提供する一杯飲み屋が並ぶ街をつくるのだ。「地産地消の美食の街」の創造である。「おいしいものを食べに茨城に行こう」と、食べ歩きの町としてアピールしていけば、人は集まる。「47都道府県魅力度ランキング」の最下位を脱出する突破口になるはずだ。そのカギは食材ではなく、料理人の確保なのである。

こう考えていくと、魅力的な食材のある町、空き店舗、腕の立つ料理人……こういうものをマッチングするというアイデアが浮かぶ。何も自分で料理を作ったり、一からレストランを用意したりする必要はない。空き家を活用するというアイドルエコノミーの発想で、空き店舗と地域のニーズと料理人をうまく組み合わせる。それがビジネスというものだ。

鶴岡や茨城のような残念な例は、日本中いたるところにある。彼らは自分たちの強みに気づいていない。言い換えれば、そうした場所にこそ新たな「食ビジネス」の種が無数に埋まっているのである。

第6章

終活編

稼いだお金は死ぬまでに使い果たそう

退職金はあてにならない

もし、あなたが退職金をあてにした老後のプランを組み立てているとしたら、早々にそのプランは破棄したほうがよい。

すでに日本では、退職金そのものを廃止する会社が出始めている。2003年には9割近い会社が退職金給付制度を導入していたが、厚生労働省の「就労条件総合調査結果」によれば、2018年の導入割合は80%に減少している。

また、2018年の時点で、過去3年間に退職金制度の見直しを行った企業の割合は9・3%、今後3年間に見直しを行う予定がある企業の割合は7・4%だ。

退職金自体も減っている。

大学卒業後ただちに会社に入社した勤続35年の男性サラリーマンの退職金は2005年には平均2469万8000円だった。ところが、その10年後の2015年には、同条件の退職金が何と1978万1000円にまで減っている。10年間でおよそ500万円も減額されてしまったのだ（中央労働委員会「賃金事情等総合調査の概要」）。日本企業の体力は低下している。今後も退職金減額の動きは続いていくだろう。

そもそも企業自体が安泰ではない。

ここ数年の全国企業倒産（負債総額1000万円以上）の件数は次の通りだ（東京商工リサーチ「全国企業倒産状況」）。

・2012年／1万2124件（負債総額3兆8345億6300万円）
・2013年／1万855件（同2兆7823億4700万円）
・2014年／9731件（同1兆8740億6500万円）
・2015年／8812件（同2兆1123億8200万円）
・2016年／8446件（同2兆61億1900万円）
・2017年／8405件（同3兆1676億3700万円）

倒産件数は2009年から9年連続で前年を下回ってはいるものの、毎年、これだけの会社が倒産しているのだ。それがあなたの会社でない、と言い切れるだろうか。自分の会社が突然つぶれる可能性は常にある。会社が倒産してしまえば、退職金などもらえるはずもない。日本航空、東芝、シャープなどを見れば明らかなように、つぶれないまでも買収される、リストラされる……会社に入ってしまえば定年まで安泰、という時代はとうに終わっているのだ。

あてにしていた金額を受け取れないだけでなく、退職金はなくなる可能性すらある。つまり、「退職金をもらえたら儲けもの」くらいの心持ちで、「退職金に頼らない老後生活」を計画する必要がある、ということだ。私が「月15万円稼げ」と説くのは、退職金に頼らずに生きるための発想でもあるのだ。

ファンドラップに手を出すな

仮に退職金を受け取れたとしよう。

バブル期は銀行預金の金利も高く、普通預金でも2％超、定期預金に至っては6％超だった。５０００万円の定期預金があれば、金利だけで年間３００万円。預金の金利で生活が可能だったのである。現在は、定期預金でも、ほとんど金利はつかない。1％以上のものはなく、0・1％を超えるものさえ稀だ（2018年12月現在）。銀行に漫然とお金を預けておけばよい、という時代はとっくに終わっている。

では、どうすべきか。

ファイナンシャルプランナーならば、株や投資信託やFX（外国為替証拠金取引）への投資を勧めるだろうが、私に言わせれば、それは大きな間違いだ。バブル期を経験しているシニア世代は、どこかにまたバブルが来てほしいという潜在的な思いがあるかもしれない。たしかにバブル期は、日経平均株価が終値で3万8915・87円を記録した（1989年12月29日）。この記録は、それ以来破られていない。

だが、株で儲ける時代はすでに終わりを告げ、投資信託でさえ、手堅く利益を得ることがかなわなくなった。2008年のリーマン・ショック後は、世界経済が不安定化し、その流れは依然変わっていない。リーマン・ショック直後に比べれば世界経済は回復したと言えるが、各国の株式市場や債券市場は乱高下し、売買のタイミングが非常に難しくなっている。そもそも私は、ファイナンシャルプランナーで好成績を上げている人を、寡聞にして知らない。

為替市場も同様だ。

以前は円、ドル、ユーロに加え、カナダ、オーストラリア、ブラジルなどの資源国や、インド、トルコといった新興国の通貨に分散投資することがヘッジ策とされていたが、今は違う。それらの国の経済は、中国経済の減速に伴う資源価格下落などの影響で低迷し、通貨も暴落している。たとえば、カナダはリーマン・ショック後の立ち直りが比較的早く、２０１３年前半までは1ドル＝1カナダドル前後で推移していたが、２０１４年中頃から原油価格が下落し始めたことを受け、２０１５年には1ドル＝１・４カナダドルまで暴落した。こうしたことが各国で起こっており、もはや資源国や新興国の通貨に投資して儲けるのは、至難の業と言っても過言ではない。

その上、日本をはじめとする大半の先進国は今や超低金利だ。

たとえば、ユーロの取引量は米ドルに次ぐ世界第2位だが、欧州中央銀行（ＥＣＢ）は２０１６年3月から金利０％を継続している。イギリスは、２０１７年11月に10年ぶりの利上げを行ったが、それでも０・５％である（２０１８年8月には０・７５％に利上げした）。この結果、金融商品をいくらうまく組み合わせて運用したとしても、利益が出にくい状況になっているのだ。

一例は、金融機関が力を入れている「ラップ口座」（ファンドラップ）だ。ラップ口座とは、投資家が証券会社などの金融機関にまとまった資金を預け、資産管理・運用を一任する専用口座のことだが、日本投資顧問業協会によれば、その資産残高は2017年12月末で7兆8859億円と過去最高を記録した。同年9月末に比べて8％も増え、伸び率としては8四半期ぶりの大きさだったという。契約件数も66万4356件と過去最高を更新（6％増）。個人資産がファンドラップに流れていることを窺《うかが》わせる。

しかし、ラップ口座を維持するためには基本報酬を金融機関に支払う必要があり、さらに信託報酬もかかる。合わせて約3％。仮に1000万円をファンドラップに預けた場合、自動的に年30万円が消えていくのである。ファンドラップが年5％の運用実績を上げたとしても、手元に残るのは2％だ。

しかも、金融機関自身は自分たちで勝手に様々なファンドに投資している。アクティブファンドへの投資ならば、1％以上の手数料がかかる。この手数料を負担するのは金融機関ではない。つまり、彼らは顧客の資金でそうした手数料などを支払っているのだ。おそらくトータルで10％くらい抜かれる格好になるのではないか。金融機関がラップ口座に力を入れている理由が、これでお分かりだろう。彼らは手数料で〝濡れ手に粟〟を目論《もくろ》んでいるのである。

そもそも一企業が手がけるファンドは信用ならない。もし、運用担当者が本当に儲かる投資のアイデアを思いついたとしたら、独立して自分で始めるはずだ。しょせんはサラリーマンがリスクを取らず、「誰に最後にババを引かせるか」というゲームをやっているにすぎない。自分の資産でリスクを取って勝負している個人ファンドとは、そもそも異なるのである。

アパート経営はもってのほか

となると、虎の子の資産を増やすためには、金融商品以外のものへの投資を検討すべきだろう。

第5章で、私は不動産の建て替えによる家賃収入、民泊ビジネスへの参入を説いた。だが、これを通常の不動産投資と混同してもらいたくない。

世間一般の言う不動産投資の一つは、たとえば不動産会社と組んだアパート経営だろう。その際の彼らの謳い文句になっているのが、「サブリース」――不動産会社が住宅を一括で借り上げ、それを家賃保証して転貸するというシステムだ。借り手の募集から修繕まで、会社がすべてやってくれる上、空き室の有無にかかわらず、家賃を定額保証してくれる。オーナーからしてみれば、夢のようなシステムに思えるかもしれない。

だが、契約書の細かい文言を一字一句読んでみると、必ず「一括借上賃料については、経済事情の変動、近隣相場家賃、賃借需要の変動等を勘案した上で、原則として2年毎に見直しの協議を行う」というような但し書きが記されている。つまり「○年間家賃保証」というのは、ただのキャッチコピーであり、客を集める撒《ま》き餌《え》にすぎないのだ。アパートオーナーとして左団扇《うちわ》の生活を夢見て1億円、2億円と借金をしてしまった日には、遠からず、その借金で首が回らなくなる可能性が高いのである。

実際、女性専用シェアハウス「かぼちゃの馬車」を運営していた「スマートデイズ」は、「サブリース30年間家賃保証」「投資利回り8％以上」を謳って資金を集めていたが、2018年5月に破産してしまった。負債総額は60億3500万円、債権者は911人（このうち物件のオーナーは675人）。オーナーへの家賃の未払分は総額23億円に達しているという。この時、オーナーが購入した土地・建物の平均融資額は1億円である。オーナーに対する融資を一手に引き受けていたスルガ銀行のやり方も周知の通り、不正にまみれた無責任なスキームだった。

サブリースの問題点は二つある。一つは、1億円以上の借金を背負うところからスタートすることだ。完済するまでにいったい何年かかるのか。あまりにも無謀である。

もう一つは、長期間の家賃保証などあり得ない、ということだ。担当者から経済事情の変動や近隣の相場家賃を持ち出され、早々に減額されるに違いない。なぜなら、賃貸住宅は毎年40万戸前後も着工され続けているからである。

国土交通省の「住宅着工統計」によれば、2013年は37万5000戸（全体の新築着工件数は98万7000戸）、2014年は36万6000戸（同88万戸）、2015年は39万戸（同92万1000戸）、2016年は43万3000戸（同97万4000戸）……という具合である。

少子化で人口減が確実な日本の場合、世帯数が右肩上がりで上昇することはない。それは誰もが理解しているだろう。にもかかわらず、新築賃貸住宅は毎年40万戸増え、空き家率が上昇し続けているのである。そういう状況の中で、長期間の家賃保証などあり得るだろうか。冷静に考えれば、「あり得ない」という解を得るのはそう難しいことではない。

リートに上がり目なし

では「リート（ＲＥＩＴ／Real Estate Investment Trust）」はどうか。

リートとは、投資家から集めた資金を株や債券の代わりに不動産に投資して、その賃料収入などから得られた利益を投資家に分配するという「不動産投資信託」だ。世界のリート市場の規模は、２０１８年3月末現在、代表的な指数の時価総額で約１３０兆７４００億円に上っている。日本だけでも11兆４４００億円だ（三井住友トラスト・アセットマネジメント調べ）。

だが、今からリートに投資するとなると、すでに時機を逸している。タイミングが遅い。

端的に言えば、「弾不足」なのだ。

リートは、投資家にキャッシュフローを配分している。その場合のキャッシュフローとは、賃貸の収益から、様々な費用の支出を控除した後、手元に残る資金などのことだ。つまり「賃貸料」の多寡で配分が変わってくる。この賃貸料が問題なのである。

都内では、2020年の東京オリンピック・パラリンピックを見据えて大型のホテルやオフィスの開業ラッシュが続いている。過去20年の大規模オフィスビル供給量の平均は年間105万㎡だが、2018年は大幅増の147万㎡、2019年はほぼ平均の100万㎡と落ち着くものの、東京オリンピック・パラリンピックが開催される2020年は過去3番目に高い173万㎡である（森トラスト「東京23区の大規模オフィスビル供給量調査'18」／**図表4**）。

こうしたオーバービルドに加え、東京のオフィスビルの賃料相場も頭打ちが続いている。2001年以降に限って言えば、リーマン・ショック直前に1坪あたり4万5513円の高値を付けていたが、リーマン・ショック後は急激に下がり、その

図表4 東京のオフィスビルは供給過剰に

東京23区の大規模オフィスビル供給量の推移

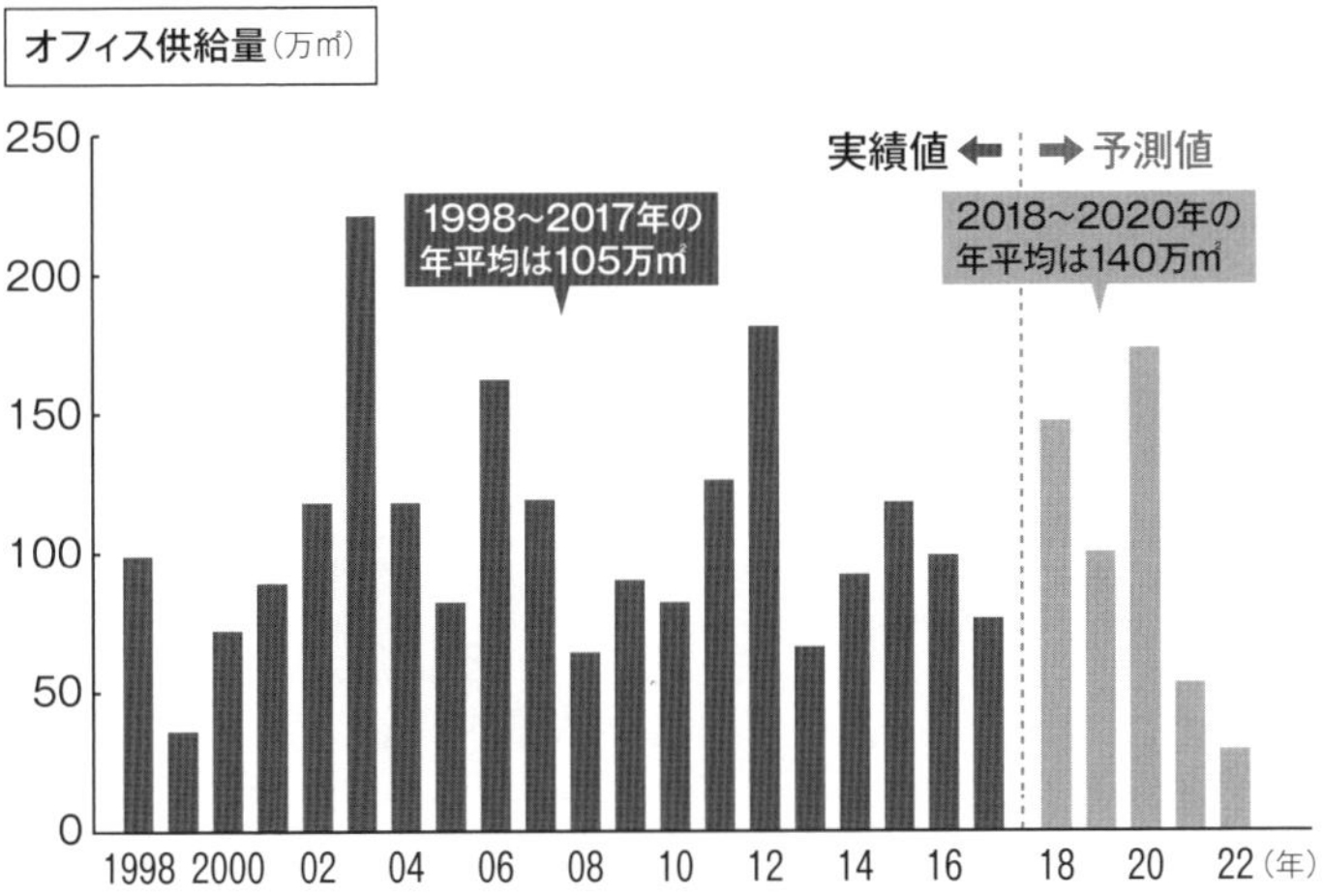

森トラスト「東京23区の大規模オフィスビル供給量調査'18」より

後徐々に回復したものの、2015年以降は平均3万5000円で頭打ち。2017年は、3万4401円だった（三幸エステート「オフィスレントデータ2018」）。にもかかわらず、2018年から2020年にかけて大型ビルの新規開業ラッシュが控えているのだ。

借り手がいなければ、賃料は確保できない。そもそも建築主が想定している賃料が高い。となれば賃料は値下げとなり、必然的にキャッシュフローもなくなる。つまり、配当がない。当然の理屈だ。結局、キャッシュフローのない不動産である以上、いくら小口細分化した債券として売り捌《さば》いたところで、配当は期待できないのである。

仮想通貨の危険性

では、投資先として仮想通貨はどうか。

まず理解してほしいのは、「通貨」はいつの時代も、その時代のテクノロジーが成立の背景となっている、ということである。たとえば、金貨や銀貨や銅貨を同じ大きさ、同じ重さで大量に作るためには鋳造と貨幣製造という技術革新が必要だった。同じく紙幣も、偽造しにくい紙幣を大量に印刷するという技術に支えられている。こうした「先端技術」は、当時、国家しか持ち得ないものであり、ゆえに通貨の価値を保証することにもなった。技術への信頼と貨幣への信頼がイコールだったのである。

その後、近代になって「国民国家」が成立すると、通貨は国民国家による信用を背景としたものになった。権威を有する中央銀行が輪転機を回し、通貨を提供するようになったのだ。

ところが現在、その中央銀行の権威が失墜し始めている。日本銀行しかり。無秩序に大量のお金を刷り続け、カネ余り現象を引き起こしてしまっている。一説には、世界中に余っているお金の総額は、数千兆円になるという。

そんな中、登場したのが仮想通貨だ。

ビットコインなどの仮想通貨は、「ブロックチェーン」という新技術によって成立している。

ブロックチェーンとは、ネットワーク上で対等な関係にあるコンピューター間を相互に直接接続してデータを送受信する通信方式（P2P）と、暗号技術を組み合わせたものである。これを応用すると、データの改竄《かいざん》が事実上不可能になったデータベースができる。たとえば「仮想通貨の残高」などを、数多くのコンピューターの協力で改竄できなくする技術だ。これにより、ネット上の仮想通貨の信頼性や決済機能が支えられる。つまり、新しいネットワークのテクノロジーが、サイバー空間に「通貨＝信用」を生み出したのである。遠くない未来、国家が作り出してきた「通貨」は、最終的に必要なくなるだろう。

ただし、今は時期尚早だ。仮想通貨の時価総額は、2018年の初めに8300億ドル（91兆3000億円）まで膨らんだが、その後8分の1まで急落した。この事実が示す通り、投資先として仮想通貨を見た場合、「やめるべきだ」という唯一の選択肢しか用意することができない。

なぜか？　現在の仮想通貨は、誰も保証していないからである。通常の通貨の中央銀行にあたる存在がなく、メカニズムだけで動いている。また、金やプラチナなどと違い、実体もない。政府やモノという裏付けとなるものが全くないのだ。

通貨には「決済機能」「価値貯蔵機能」「価値尺度機能」という三つの機能が必要

だが、ＢＩＳ（国際決済銀行）が指摘するまでもなく、仮想通貨はそのいずれも満たしていない。

私は早くから仮想通貨への投資に警鐘を鳴らしてきた。その理由は中国の保有率の高さにあった。中国は一時期、世界のビットコイン取引量の90％以上を占めていたのである。その背景には、中国の厳しい外貨規制があった。海外送金や、元とドルとの両替の際、当局による事前審査を義務付けたため、それを嫌った中国の富裕層が海外送金の抜け穴として仮想通貨を利用していたのだ。

であれば、中国政府が仮想通貨を規制した時点で暴落するのは目に見えている。事実、中国で2017年9月にＩＣＯ（イニシャルコインオファリング／仮想通貨を集める形式の資金調達）を禁止した際、中国の大手仮想通貨取引所は閉鎖に追い込まれた。これによって仮想通貨が暴落したことは言うまでもない。

現在の取引量は、中国に代わって日本がトップに躍り出ている（約6割）。だが依然として中国人の仮想通貨保有量は多く、中国がさらなる規制を続ければ、仮想通貨は「ジ・エンド」となってもおかしくない。いわば、仮想通貨はルーレット。投資ではなく、単なる博打なのだ。必勝法もなければ法則もない。ルーレットのように、当たるか外れるか。短期の売買を繰り返して「儲かった」「損した」と騒いでいるだけで、投資先として長期に保有するような性格のものではないのである。もしかすると将来は安定するかもしれないが、本書の趣旨からすれば1日で20％も乱高下するものに老後を賭けてはいけない。

人に投資せよ

すでに何度も説いてきたように、人の褌《ふんどし》で相撲を取るよりも、自分で「無から有」を生み出したほうが何倍も何十倍もうまみがある。月15万円の収入を得るなら、投資よりも「起業」である。

私が唯一、積極的に投資するものは、金融商品や仮想通貨ではない。「人」だ。

私は、起業家を養成する「アタッカーズ・ビジネススクール」の塾長や、MBAプログラムを設置した「ビジネス・ブレークスルー大学」の学長を務めているが、ここからは多くの教え子たちが巣立っていった。彼らが起業する際、私はフェーズ・ゼロの段階で出資するのだ。

たとえば「アタッカーズ・ビジネススクール」は１９９６年の開講以来、６１００人以上が卒塾しているが、その中からすでに約８１０社が誕生している。そして、会員制ＳＮＳ「ｍｉｘｉ（ミクシィ）」、健康関連商品を扱う通販サイトを運営する「ケンコーコム」、法律ポータルサイトを運営する「弁護士ドットコム」、総合型クラウドソーシングサイトを運営する「クラウドワークス」、寝具・リビング用品事業を手がける「丸八ホールディングス」など、11社が株式を公開している。こうした教え子の企業や、マッキンゼー時代の同僚が興した会社から求められたら、私は迷わず出資すると決めている。少額投資ではあるが、その結果、私がマッキンゼーに勤務していた23年間の給料の総額よりも、彼らに対する投資からのリターンのほうが多いという、ありがたい状況になっている。

フェーズ・ゼロ――リスクが最大の創業時に投資するわけだが、ＩＰＯ（新規株式公開）にいたるのは約７％。１０００品目を開発してもヒットするのは3品目くらいというビジネスの格言を千に三つで「センミツ」と言うが、これは割合に直すと０・３％。約７％というのは、非常に確率が高いと思う。

つまり、株や債券が期待できないこの時代、唯一、大きなリターンが期待できるのは「人への投資」なのである。

考えてもみてほしい。上場している大企業の株価が、大きく跳ね上がることがあるだろうか。不祥事を起こして大幅に下落することはあっても、大幅な上昇は考えにくい。だが、株式公開前の生まれたばかりのベンチャー企業なら、無限の可能性がある。成長が見込める分野を見つけ出し、その中の有望なベンチャー企業や若手起業家に出資する。それこそ自分の資産を大きく増やす方法ではないだろうか。

「人への投資」でやりがいも得る

自分の老後に不安を抱えているのに、なけなしの資金をそんな海のものとも山のものともつかぬ人材に投資したくない。投資できるのは余裕のある人間だけだ——。そう考える人も少なくないだろう。

だが、「人への投資」は資産家だけに可能なことではない。最近は日本でもクラウドファンディングの普及や、ベンチャー・インキュベーション事業の増加によって、少額の資金でも投資できる環境が整い始めている。

「人への投資」は、他にもメリットがある。

株や投資信託、FXなどと異なり、その事業が自分のキャリアを生かせる分野であれば、それまでに培った知識や経験、判断力、人脈などをフル活用して若い起業家を育てる、という楽しみを持つことができる。つまり「人への投資」は、資産を増やすだけでなく、「人生のやりがい」や「生きがい」を手に入れるということでもあるのだ。

高齢者になっても働く人が増えているが、厚生労働省の「高齢社会に関する意識調査」(2016年3月)によれば、高齢期になって就業を希望する理由は「経済上の理由(68・1%)」が最も多く、「生きがい、社会参加のため(38・7%)」「健康上の理由(23・2%)」と続く(回答者全員の平均)。

この調査は40歳以上の人を対象に行っているのだが、実は年齢によって働く理由が大きく異なっている。60歳未満のまだ高齢者ではない人は、7割以上が高齢者になっても働きたい理由として「経済上の理由」を挙げているが、当事者(高齢者)が働く理由は違う。「経済上の理由」を挙げた60〜69歳は53・6%、70〜79歳は44・6%、80歳以上33・3%と、年齢が上がるとともに割合が下がっていくのだ。

代わりに中心を占める理由が「生きがい、社会参加のため」だ。60歳未満は3割台にすぎないが、60～69歳は46・1％、70～79歳は58・3％、80歳以上は50・0％と高く、とくに70～79歳、80歳以上では就業希望理由の第1位である（**図表5**）。

つまり、高齢期を迎える前までは漠然と経済的不安を抱え、会社を定年退職した後も働かねばならないと考えるが、実際に高齢者になってみると、働くことで自分が得ようとしていたことは「生きがい」だった、と気づくのである。だとすれば、なおさら「人への投資」を積極的に行い、若い起業家を育てることを考えるべきではないか。これは自分を若く保つ秘訣でもある。

自分がメインプレイヤーになる必要はない。もうひと花咲かせる必要もない。脇役に徹し、自分の経験とスキルを後進に伝えればよいのである。これは自分の老後の居場所づくりにもつながるのではないだろうか。

エンジェル投資家になろう

アメリカでは「エンジェル」という存在が当たり前である。

図表5 70歳以上が働く理由は「生きがい」が1位

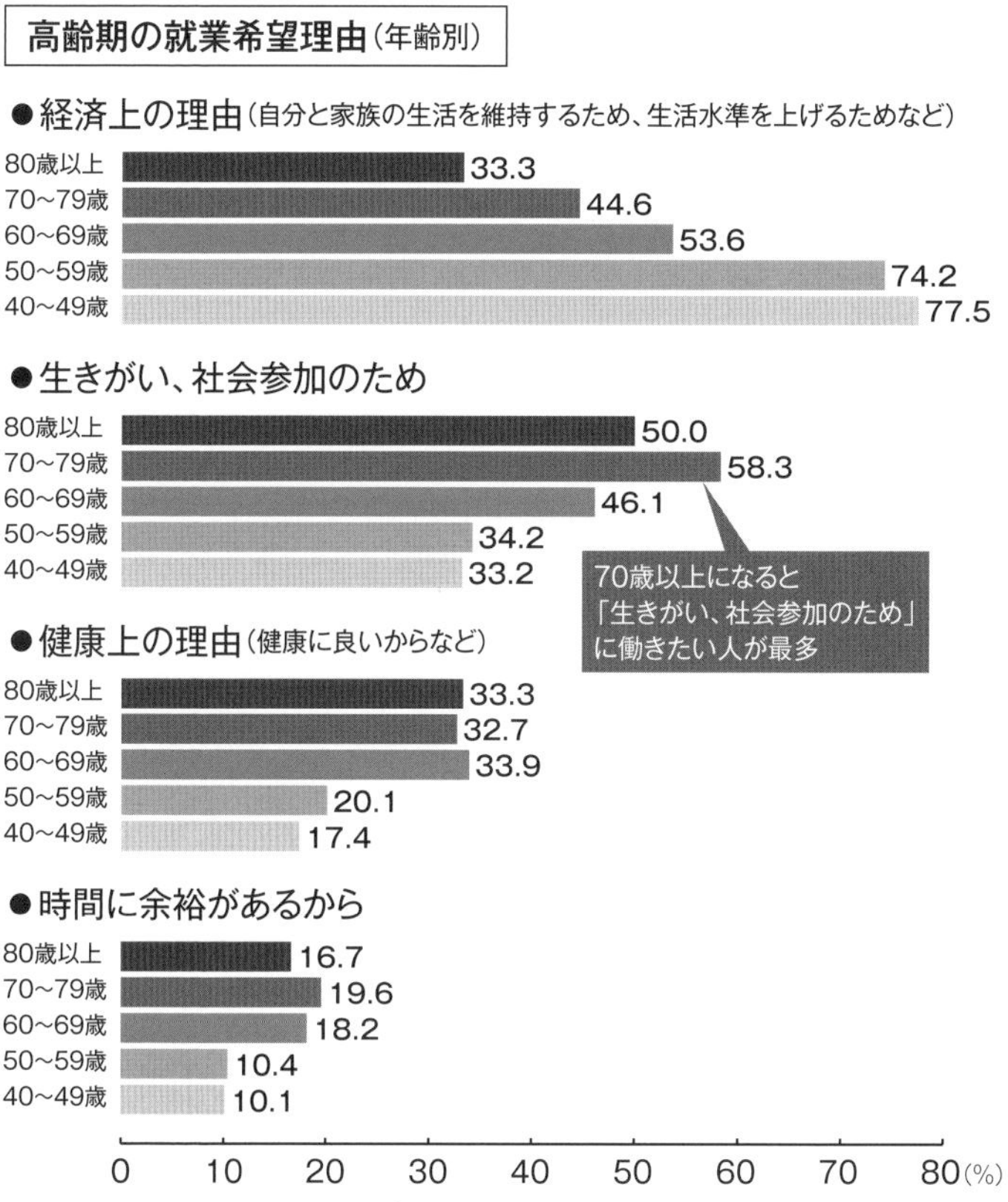

厚生労働省「高齢社会に関する意識調査」より

エンジェルとは「エンジェル投資家」、あるいは「ビジネスエンジェル」とも呼ばれ、創業間もないベンチャー企業への小口資金提供や経営アドバイスを行う個人投資家のことをいう。

たとえば、ＧＥ（ゼネラル・エレクトリック）やＩＢＭなどの大企業を退職した人たちは、ＯＢのネットワークによって将来有望な若い起業家の情報を入手し、活発に投資を行っている。また、アメリカのエリート高校や有名大学は卒業生の結束が強いため、そのネットワークを利用して母校の後輩の中からダイヤモンドの原石を発掘し、そこに投資するケースも少なくない。自分が住んでいるコミュニティの中で優秀な若者を見つけて投資するというパターンもある。成功したベンチャー起業家が後進に投資する例も多い。

アメリカのエンジェル投資家の多くは、投資するだけでなく、若い起業家の相談相手となり、会社を立ち上げる際は、ボードメンバー（取締役会の役員）に加わる。企業の管理職経験者がボードメンバーに入ることは、ベンチャー企業にとっても銀行やファンドが安心して融資しやすくなるなどのメリットが計り知れない。

「ウーバー」（２００９年設立）、「エアビーアンドビー」（２００８年設立）、シェアオフィス運営の「ウィーワーク」（2010年設立）、2億人のユーザーを抱える写真共有Webサイトを手がける「ピンタレスト」（2010年設立）……。

これらの企業はいずれも創業から10年程度の会社だが、評価額は2018年6月現在、それぞれ100億ドルを優に超えている。ウーバーに至っては700億ドル相当と言われている。これらの会社は新しいビジネスモデルを提案する「スタートアップ企業」であり「ユニコーン」とも呼ばれるが、アメリカでこうしたアイデアを持った野心的な会社が雨後の筍《たけのこ》のように登場し続けるのは、エンジェル投資家の存在が大きいと言えるだろう。彼らの存在が起業のハードルを下げ、それがアメリカのビジネス全体に刺激を与え続けているのである。

日本のエンジェル税制は間違っている

では、日本はどうか。

日本（2011年）とアメリカ（2012年）の「エンジェル投資」を比較すると、日本のエンジェル投資額約9億9000万円に対して、アメリカはその230

0倍の約2兆3000億円。エンジェル投資件数は、日本はわずか45件だが、アメリカは6万7000件。日本のエンジェル投資家は1000人に満たないが、アメリカは26万8000人。ベンチャーキャピタル投資額は、日本が1240億円で、アメリカは約2兆7000億円。大人と子供の差がある(野村総合研究所「平成26年度 起業・ベンチャー支援に関する調査」より)。

これには税制の違いもある。アメリカの場合、株式などの売却損は給与所得や事業所得などと相殺することが可能で、所得金額を圧縮することができる。仮にベンチャー企業への投資に失敗しても節税というかたちになり、投資のリスクは軽減される。しかも、所得金額と損益通算ができる期間は無期限なので、より投資しやすい。

日本では、1997年の税制改正で「エンジェル税制」という投資家優遇税制が設けられたが、アメリカと異なり、株式などの売却損はその年と翌年以降3年の他の株式譲渡益としか相殺できない。投資メリットがあまりないのだ。

欧州に目を転じても、たとえばイギリスでは、直接投資の場合は100万ポンドまでの投資について、投資額の30%を税額控除する。仮に所得税200万円を払っている人が500万円投資した場合、500万円×30％＝150万円が税額控除されるので、実際に支払う所得税は50万円となる。これは大きい。日本の場合は、企業への投資額をその年の総所得金額から控除するので、そこまでの優遇が受けられない。

欧米ほど「人への投資」が活発でないのは、日本の中途半端な「エンジェル税制」が、足を引っ張っているという側面があるのだ。これは早急に制度改革する必要があるだろう。

しかし、それでも日本人――とくにシニア世代は「人への投資」をもっと積極的に行うべきだ、と私は考える。株や投資信託やFXに手を出して日経平均株価や為替に一喜一憂するより、新しい会社の成長を見守るほうが、はるかに健全である。日本社会の発展に貢献しているという意義も見いだせるだろう。しかも「人への投資」は、株や投資信託よりリターンも大きいのだから。

死ぬまでに貯金を使い果たそう

よい投資先が見つからないからといって、くれぐれも貯蓄に回そうとは考えないでいただきたい。シニア世代が将来のお金を蓄えたとして、それはいつ必要になるのか。「万が一のため」と大金を銀行に預けっぱなしにした挙げ句、そのまま息子や娘に相続されてしまうのが関の山ではないか。「万が一」が心配ならば、保険でカバーしておけばよい。

全国のシニア（50歳～79歳）の男女1000名に現在の楽しみを聞いたところ、上から、「旅行」52・7％、「テレビ／ドラマ」32・1％、「グルメ」31・4％、「読書」30・2％、「健康」29・8％の順だったという（ソニー生命保険「シニアの生活意識調査2017」）。

旅行、グルメ、大いに結構。月15万円の稼ぎを確保していれば、年金などと合わせて、そうした趣味や楽しみにお金を注ぎ込むことができる。シニア世代がお金をどんどん使えば、景気回復にもひと役買うだろう。

生活を切り詰めて老後の蓄えを増やしても、幸福度はほとんどアップしない。余分なお金をいくら持っていたところで、その分、他の人よりも幸せになれるわけではないのである。だったら月15万円の稼ぎで精神的安定を確保し、日々「ちょっとした贅沢」をして人生を謳歌すればよい。死ぬ時までに貯蓄を使い尽くしてゼロにしてしまおうと考えれば、精神的な枷《かせ》も外れ、文字通り何でもできる。想定よりも長生きして、かつ貯金も使い果たしてしまったら、最後は年金、ということになる。それが75歳を超えていれば、いくら意地の悪い日本の政府でも年金はちゃんと払うはずだ、と割り切るしかない。

私たちがこれから歩むべきは、漠たる不安にさいなまれる老後ではなく、生きがいのある楽しい老後であるべきなのだ。そしてそれは、思うほど難しいことではないのである。

おわりに――稼ぐ「発想力」の鍛え方

「稼ぐ力」の大前提は、新しいビジネスモデルを生み出す「発想力（イマジネーション）」や「創造力（クリエイティビティ）」である。そんな力は自分にはない、と思っている人が多いが、実は新しいビジネスモデルを生み出すことは決して難しくない。

たとえば、女性タレントや女優と浮名を流している前澤友作《まえざわゆうさく》氏が創業したファッション通販サイト「ＺＯＺＯＴＯＷＮ」などを運営するＺＯＺＯは、２０１８年３月期（２０１７年度）の売上高が約９８４億円、営業利益が約３２７億円に達し、時価総額は８０００億円近い。しかし、その事業やシステムにユニークな仕掛けは何もない。アパレル会社やセレクトショップを寄せ集めた〝ネット服屋〟にすぎない。だが、そういうビジネスモデルはそれまで存在していなかった。そのアイデアをいち早く思いついたから、前澤氏は大金持ちになったのである。

では、新しいビジネスモデルを生み出す発想力や創造力は、どうすれば身につけることができるのか?

その方法は、事業を何か一つ選び、自分だったらそれにどんな付加価値をつけて金を稼ぐか、と考えて思考を膨らませる癖をつけることだ。半分は妄想でかまわない。なぜなら、ほとんどの起業家は妄想家だからである。アップルのスティーブ・ジョブズしかり、アマゾンのジェフ・ベゾスしかり、スペースXやテスラのイーロン・マスクしかりである。そういう癖をつけると、新聞記事やネットニュースや電車の中吊り広告など情報を何でも興味を持って見るようになり、そこから自分なりのアイデアが出てくるようになるのだ。

私の場合、毎日早朝にNHK・BS1の「ワールドニュース」を視聴している。これは世界18の国と地域、23の放送局のニュースをダイレクトに伝える番組で、世界で起きていることをほぼリアルタイムで知ることができる。他のニュース番組は、よほど大きな出来事でない限り世界のことはほとんど報じないので、私にとっては極めて貴重な情報源になっている。そして、その場で必ず人や場所の固有名詞と数字をメモする。それが新しい事業をビジネスモデルを考える時、大きな刺激になるのだ。

また、新しいビジネスモデルを考えるのは、休日がよい。会社から帰ってきてくたびれている時は思考力が鈍っているので、やめたほうが賢明だ。休日を寝転んでテレビを見ながらダラダラと過ごすのではなく、たとえば土曜日の午後やレイニーサンデー（雨の日曜日）の半日くらいをそのために充て、考えついたことはネットで情報を調べながら詳しいメモを取っておくのである。

そうすると、1年間で50ほどの新しいビジネスモデルのアイデアが溜まる。それを読み返してみると、非常に強く心を打つものが二つか三つはあるはずだ。それについて今度はどのように資金を調達するのか、どんな人材が必要なのか、といったことをさらに深掘りして考え、具体的な事業計画を作成するのだ。

このトレーニングは、いわゆる〝千本ノック〟のように、とにかく数をこなすことが重要だ。そうすれば、おのずと新しいビジネスモデルを生み出す発想力や創造力が開発されていくのである。

たとえば、私の趣味の音楽で考えてみると、日本にはヤマハ音楽教室や鈴木バイオリン教室などのお陰で、ピアノやバイオリンはレベルの高い人が山ほどいる。しかし、そのぶん競争が激しいため、大半の人は稼げていない。せいぜい近所の子供に教えるくらいだ。

そこで、その人たちを組織して世界中の国々にピアノやバイオリンの先生として派遣すれば、けっこう儲かるビジネスになると思う。派遣されるほうも、近所の子供に教えているより高い収入を得ることができるだろうし海外経験を積むこともできる。

このアイデアは思いつくがまま適当に書いているのだが、日本企業に勤めている人は、社員の起業を奨励しているリクルートやサイバーエージェントなどごく一部の例外を除き、そのように思考を膨らませることがなかなかできない。なぜなら、普通の日本企業は数十年前からあった事業パターンを、その延長線上で維持しているだけだからである。そういう会社に10年以上勤めると誰もが「守り」に入り、発想力や創造力を失ってしまうのだ。

しかし、死ぬまで「稼ぐ力」をつけたければ、前述したように休日の時間の使い方を変え、発想力や創造力を開発しなければならない。そのトレーニングを始める年齢は、早ければ早いほどよいのである。

最後に私から読者の皆さんにプレゼントしたいものがある。アイデアの膨らませ方の実例として、「私がこの会社の社長になったらどうするか」を「RTOCS」で瞬間芸で構想しているビデオを提供しよう。ここで取り上げたのは赤字で悩む「銚子電鉄」である。

私は絶望的な状況にある企業の経営を立て直す時は、ビジネス戦略ではなく、構想を手当り次第になぐり書きしていく。そして、それらの中から具体化しそうなものを絞り込んでいく。その私の〝発想現場〟をビデオで見てもらい、具体的な手法を読者に盗んでもらいたいのである。

これまで私は多くの特許や事業を生み出してきたが、その現場にいた人は少ないので、今回は特別に私の毎週の講義のこの部分（RTOCS）だけをお見せする。

私はこのような「もし私が○○のトップだったらどうするか」という「RTOC

S」を毎週、受講生からの出題に基づいて行っている。年間50回にもなるが、これが私および受講生にとっては格好の〝脳トレ〟になるのだ。視聴するには、後出の案内を参照していただきたい。本書と併せてご覧いただければ幸いだ。

大前研一

本書は、国際情報誌『ＳＡＰＩＯ』の連載〈人間力の時代〉（２０１７年10月号、11・12月号、２０１８年３・４月号、５・６月号）および週刊ポストの連載〈ビジネス新大陸の歩き方〉（２０１８年2月2日号、2月9日号、３月９日号）の掲載記事に加筆・修正した上で再構成したものです。

編集協力／中村嘉孝・角山祥道・及川孝樹
本文ＤＴＰ／ためのり企画
装幀／小口翔平+山之口正和（tobufune）

大前研一（おおまえ・けんいち）

1943年福岡県生まれ。72年に経営コンサルティング会社マッキンゼー・アンド・カンパニー・インク入社。本社ディレクター、日本支社長、アジア太平洋地区会長を歴任し、94年退社。

以後、世界の大企業やアジア・太平洋における国家レベルのアドバイザーとして幅広く活躍。現在、ビジネス・ブレークスルー（BBT）代表取締役会長、BBT大学学長などを務め、日本の将来を担う人材の育成に力を注いでいる。

著書に『企業参謀』『新・資本論』『質問する力』などのロングセラーのほか、『この国を出よ』（柳井正氏との共著）『日本復興計画』『リーダーの条件」が変わった』『訣別』『原発再稼働「最後の条件」』『稼ぐ力』『低欲望社会』『武器としての経済学』『日本の論点』シリーズなど多数。近著に、『個人が企業を強くする』『発想力』などがある。

50代からの「稼ぐ力」
——会社にも年金にも頼らず生きる方法——

2019年1月29日　初版第1刷発行

著者　大前 研一
発行者　飯田 昌宏
発行所　株式会社 小学館
〒101-8001
東京都千代田区一ツ橋2-3-1
電話　編集 03-3230-5801
販売 03-5281-3555
印刷所　大日本印刷 株式会社
製本所　株式会社 若林製本工場

ISBN978-4-09-389781-5